Herzgoldstaub

... um dein Leben zum Leuchten zu bringen

Herzgoldstaub
Um dein Leben zum Leuchten zu bringen

ISBN: 978-3-945098-011-0

Coverbild: fotolia
Covergestaltung und Konzept: popdesign☼

License Notes

Neue Rechtschreibung nach Duden Ausgabe August 2006

Impressum:
Dast Verlag
Kirschäckerstraße 25
96052 Bamberg
Telefon: 0951-994980
dast-verlag@t-online.de
Internet: www.subina-giuletti.de
E-Mail: info@subina-giuletti.de

Der Inhalt des Buches ist eine Zusammenstellung aus den bisher erschienenen Romanen von Subina Giuletti

Inhaltsverzeichnis

Vorwort....................Seite 5
Und jedem Anfang liegt ein Zauber inne ....Seite 9
Herzgoldstaub....................Seite 11
Gefühle und Gedanken....................Seite 15
Wann ist Friede in der Welt?....................Seite 29
Mach mich glücklich!....................Seite 31
Wie soll ich mit Menschen umgehen?....................Seite 32
Liebe und Selbstliebe....................Seite 34
Eine andere Sichtweise von „Leid“.................... Seite 40
Tod.................... Seite 44
Muster....................Seite 52
Schönheit.................... Seite 56
Freiheit....................Seite 57
Meditation....................Seite 59
Der Räuber und die Prinzessin....................Seite 66
Dankbarkeit und Zufriedenheit....................Seite 73
Ego....................Seite 75
Ich liebe Dich - aus Herzschlagfinale....................Seite 85
Entsagung?....................Seite 87
Selbstwert/Minderwertigkeit....................Seite 89
Wünsche....................Seite 92
Glück....................Seite 95
Zitate....................Seite 98
Der Schwertkämpfer....................Seite 100
Aus dem Kashmir Shaivismus....................Seite 105
Bist du frei?.................... Seite 106
Hilf mir!....................Seite 108
Mut....................Seite 110
Offenheit....................Seite 111
Zeit - und dein Inneres finden....................Seite 112
Der Mistkäfer und der Prinz....................Seite 114

Leben..Seite 117
Eine Parabel..Seite 119
Wie soll ich mit meinem Leben umgehen?...............Seite 121
Reue und Vergebung...Seite 123
Atme! ....Seite 129
Liebe Leserinnen, liebe Leser /Quellennachweise....Seite 131

Vorwort

Liebe Leserinnen und Leser,

als ich anfing, Belletristik mit Spiritualität zu verbinden, hätte ich nie geglaubt, dass dieser Mix auf so viel Resonanz stößt. Vor allem war ich erstaunt, wie oft Leser Sätze in meinen Büchern markiert oder diese für sich selbst in einem Büchlein notiert haben. Aber etliche haben mir auch geschrieben, dass sie sich nicht mehr daran erinnern können, wo etwas stand, dass es so vieles gab, was sie sich gerne gemerkt hätten, den Lesefluss aber nicht mit ständigen Notizen unterbrechen wollten.

So ist dieses Büchlein entstanden, für und durch meine Leser – und für diese Anregung möchte ich mich ganz herzlich bedanken!

Hier sind Aussagen und Zitate sowie Geschichten aus meinen bisher erschienenen Werken zusammengefasst: als sanfte Motivation für jeden Tag, für Momente, in denen man eine Anregung gebrauchen kann, oder als Geschenk für Menschen, die sich von guten Gedanken inspirieren lassen wollen.

Damit auch Leser, die den Inhalt meiner Romane nicht kennen, dieses Buch nutzen können, habe ich manche Textstücke leicht verändert, sie ab und an kommentiert und bei den meisten mit Kürzeln vermerkt, aus welchem Buch sie stammen:

HeyB steht für »Hey Babe! Irgendwann gehörst du mir«
HF für »Herzschlagfinale«
HB für »Herzbauchgefühl«
LC für »Life Chat – Sag mir, wer du bist«
TIO für »Tropfen im Ozean«
Abst. für »Absturz nach oben, Band 2, Durchbruch«
Seele für »Weil du meine Seele streichelst«

Auch in ›*Absturz nach oben, Band 1*‹ und ›*Try hard to love me*‹ sind spirituelle Aussagen zu finden, dennoch habe ich mich auf die oben genannten Bücher beschränkt. Und manches habe ich bewusst doppelt aufgeführt.
Ich möchte hinzufügen, dass diese Sätze und Zitate für mich nicht nur schöne Worte sind, sondern Weisheiten, die anwendbar sind, die unser aller Leben positiver, tiefer, intensiver machen können.
Das ist der Grund, warum ich das Buch »Herzgoldstaub« genannt habe: Es soll Goldstaub für unsere Herzen sein, Worte, die uns möglicherweise aus einer miesen Stimmung herausreißen, unser Leben zum Leuchten bringen – und damit das unserer Mitmenschen. Man muss nicht auf dem Gipfel des Himalajas sitzen, um wahres, tiefes Glück zu erfahren. Das geht in jeder erdenklichen (Lebens-)Lage, das geht genau jetzt und hier, in dieser Welt.
Nach meiner Überzeugung ist glücklich zu sein der alleinige Sinn unseres Daseins und der Grund, warum wir uns genau in der Situation befinden, in der wir gerade stecken. Denn: Bist du nicht glücklich, solltest du etwas ändern. Egal, was gerade geschieht, egal, mit welcher Herausforderung wir gerade konfrontiert werden, sie dient nicht nur dazu, sie zu

überwinden, sondern kann, richtig gesehen, ein Sprungbrett zu unserem Glück sein.

Daher sind meine Romane aus dem Leben gegriffene Geschichten, die zeigen, dass spirituelles Wissen sich ganz natürlich in den Alltag integrieren lässt und kein Widerspruch zur Welt ist.

Ich hoffe, das Büchlein macht dir Freude! Ich hoffe, es gibt dir, jedes Mal wenn du es irgendwo aufschlägst, die richtige Eingebung, einen passenden Trost oder einen notwendigen Impuls.

In Liebe

Ihre Subina Giuletti

Und jedem Anfang liegt ein Zauber inne ...

Anfänge sind so wunderbar, sie sind Abenteuer, weil sie von uns fordern, die Vergangenheit lediglich als Sprungbrett zu nutzen, aber nicht als Hindernis oder gar als Bandage für Verletzungen.
(HF)

Jeder könnte sich zu jeder Sekunde neu erfinden ... das ist das Spiel der Schöpfung! Jeder Tag ist neu! Jede Sekunde!
(HF)

Anfänge sind magisch ... oft kommt etwas völlig anderes heraus, als wir gedacht oder gewollt haben, was aber nicht herausgekommen wäre, hätten wir den Anfang nicht gewagt.
(HF)

Einem Anfang liegt immer ein Entschluss zugrunde, und der entscheidet, wo es hingeht. In Indien sagt man, dass Gott deine Vorhaben, deine Absichten nie vergisst. Sie schwimmen immer irgendwo - und er will sie dir erfüllen.
(HF)

Herzgoldstaub

»Das Glück ist wie ein Schmetterling«, sagte der Meister. »Jag ihm nach und er entwischt dir. Setz dich hin und er lässt sich auf deiner Schulter nieder.«
»Und es gibt nichts, was ich tun kann?«
»Du könntest versuchen, dich ruhig hinzusetzen, wenn du es wagst.«
(aus China)

Was immer auch geschieht – dein Herz ist dein wahrer, dich ewig liebender Freund, egal, was du tust, egal, wohin du gehst. Dein Herz ist dein Zuhause und deine letztendliche Bestimmung. Vergiss das nie.
(TiO)

Jeden Morgen, an dem du aufstehst, hast du alles, was du brauchst. Immer. Geh mit diesem Vertrauen in deinen Tag und in dein Leben.
(HeyB)

Da jede Aktion eine Reaktion verursacht, ist es so wichtig, dass du in jedem Moment deinem Schicksal zulächelst. Und warum? Weil dann dein Schicksal zurücklächelt!
Das pflanzt den Samen für Glück in der Zukunft.
(HeyB)

Du weißt nie, was ein gutes Wort von dir verändern kann. Bestimmt mehr als ein böses.
(HeyB)

Nur, wenn wir etwas wichtig nehmen, hat es Macht über uns.

Meditierst du? Dann nimm diese Stille mit in deinen Tag. Gerade, wenn es wieder einmal hektisch wird, ist es wichtig, sie zu bewahren. Vielleicht hilft dir ja dieses Zitat dabei:

„Auf dem Gipfel des Berges ist die ganze Welt in meinem Bewusstsein.
Auf dem überfüllten Marktplatz trage ich den Berg unter meinem Gewand.“
(Japanische Weisheit)

Und wenn Du mal wieder das Gefühl hast, es macht alles keinen Sinn ... dann denke daran:

Das Herz lebt weiter, wenn der physische Körper zerfällt.
Was du für dein Herz tust, währt ewig.
(HF)

Es gibt nur drei wirkliche Dinge:
Gott, die menschliche Narretei und das Lachen.
Die beiden ersten übersteigen unser Begriffsvermögen,
also müssen wir so viel wie möglich aus dem Dritten machen.

(Aus dem Ramayana - und HeyB)

Gefühle und Gedanken

Ein Gedanke ist eine Gewohnheit. Und Gewohnheiten kann man ändern.

(HeyB)

Wo immer der Geist sich auch hinwendet, nach innen oder nach außen, findet er Gott. Wenn Gott omnipräsent ist - wohin kann dann der Geist gehen, um ihm auszuweichen?

(Vijana bhairava/HF)

Gefühle wirst du immer haben. Es geht nicht darum, sie zu negieren oder zu unterdrücken. Die meisten Menschen versinken allerdings darin. Sie glauben, sie müssten dem Gefühl folgen. Sie glauben, sie *sind* ihre Gefühle. Und das stimmt nicht. Sie verwechseln das Subjekt mit dem Objekt. Du kannst ein Gefühl oder einen Gedanken behandeln wie ein Objekt – wie einen Gegenstand. Und wenn du das tust, fällt es dir leichter, dich auch wieder davon zu lösen.

(HeyB)

Warum ist es so wichtig, seine Gedanken zu beobachten? Gedanken verraten dir den Zustand deiner Seele. Solange du dich innerlich arm fühlst, kann dir die Welt im Außen nichts anderes spiegeln.
(SG)

Gefühle binden dich. Du bist wütend – und wirst es nicht mehr los. Du hast Angst –sie verfolgt dich und du steigerst dich rein. Oder du bist traurig ... auch davon können sich so wenige lösen. Das nennt man dann Depressionen*.
Menschen erleben negative Dinge, wir alle tun das. Daraus resultieren negative Gefühle, die sich zu Mustern verfestigen und die dann wie ein Automatikprogramm ablaufen. Schuld ist aber nicht unbedingt das Ereignis – es hat zwar die Gefühle ausgelöst –, doch das eigentlich Schlimme ist, dass dann der Kopf oder das Ego diese Gefühle festhält. Wir denken immer das Gleiche – das erschafft eine Rille in unserem neuronalen System – eine Schiene, auf der wir abfahren, die uns prägt, die uns kettet. Du bist dann nichts anderes als der Sklave deiner neuronalen Muster. Und dabei bist du doch so viel mehr.
(HeyB)

Viele sagen an dieser Stelle: „Aber ich kann mich nicht lösen. Das Gefühl hat mich fest im Griff!“

Das allein ist schon ein falscher Gedanke. Das Gefühl hat dich im Griff, weil du das so glauben willst. Wenn du hier ansetzt und den Gedanken, dich nicht lösen zu können, nicht mehr als gültig betrachtest, geschieht schon eine Änderung.

Der einzige, der dein Leben kontrolliert, bist du – und dein Geist. Daher ist es so wichtig, dass man seinen eigenen Geist mit all seinen Gedanken unter Kontrolle hat. Lass deinen Geist nicht unkontrolliert denken, was er will. Es gibt eine Instanz in dir, die hinter dem Geist steht ... und die stärker ist als er. Gute Gedanken kommen nicht von allein. Sie sind das Ergebnis harter Arbeit. Mark Twain hat mal gesagt: ›Schlechte Gewohnheiten muss man jede Stufe einzeln hinunterboxen‹. - und genauso ist es hier.

(LC)

Niemals kann ein Gedanke mächtiger sein als du. Du bist etwas viel Größeres. Und auch, wenn du das noch nicht so klar erkennen kannst, so frage ich dich, was kannst du denn von deinem Leben erhoffen, wenn du dich so hilflos von deinen Gedanken enteignen lässt? Du lässt dich von schwarzen, banalen und miesen Gedanken ausplündern! Dabei solltest du doch Selbstachtung haben, du solltest dir deines wahren Wertes bewusst sein. Gib dich nicht solchen Gedanken hin, es

ist möglich, glaub mir. Vielleicht beginnt alles allein damit, dass du diese Tatsache akzeptierst. Die Tatsache, dass etwas viel Größeres in dir wohnt, dass du so viel mehr bist als ein Haufen von Gedanken.
(LC)

Nichts in der Welt ist schwierig; es sind nur die Gedanken, welche den Dingen den Anschein geben.

(Wu Cheng-En)

Gedanken ...

Was machen sie mit dir? Lassen sie dich Achterbahn fahren? Haben sie dich im Griff, statt du sie? Es geht nicht darum, keine Gefühle mehr zuzulassen, es geht nicht darum, nur Positives zu empfinden, weil das nicht möglich ist. Aber wenn man Gefühle endlich als das erkennt, was sie sind - Erscheinungen, die kommen und gehen - gewinnt man Abstand von ihnen. Man geht keine Verbindung mit ihnen ein. Klar ärgert man sich ab und an, die Frage ist aber, für wie lange.

Gehst du mit dem Ärger oder Schmerz eine Verbindung ein? Hältst du den Schmerz für Realität? Und wenn ja ... ist dir nicht klar, dass das Blödsinn ist, wenn doch das Schöne daneben genauso existiert?

Warum sollte der Schmerz realer sein als das Schöne, das trotz allem genauso präsent ist? Man könnte doch auch bewusst eine Verbindung mit dem Schönen eingehen! Aber bei den meisten Menschen ist es so, dass das Negative überwiegt und sie sagen: Ich ertrinke darin. Mir geht es so schlecht. Mir ist das und das passiert. Sie sehen nur das. Sie haben keinen Anker. Und weil der fehlt, verlieren sie sich in Wut und Trauer. Sie denken ständig das Gleiche und formen damit eine Gewohnheit. Gedanken und Gefühle furchen Rillen in unser Gehirn. Aber du kannst doch wählen, welche Rillen du bilden willst. Es ist dein Hirn, und du bist doch der Herr in deinem Haus, der bestimmt, welche Bahnen er schafft. Du kannst Ärger und Wut auch als etwas sehen, das wieder vorbeigeht, als etwas, das keine Furche im Gehirn wert ist. Etwas, das dich im Innersten nicht wirklich berührt.«

»Wie kann es mich im Innersten nicht berühren, wenn es schmerzt?«

»Weil dieses Innerste absolut unabhängig von Schmerz und Freude ist. Es ist absolute Glückseligkeit. Und das bedeutet nicht, dass du dann keine Gefühle mehr hast. Wir sind Menschen und werden immer fühlen und werden immer denken. Die Lunge ist dafür da, dass sie atmet. Das Hirn ist dafür da, dass es denkt. Es geht nicht darum, einen gedankenfreien Zustand zu erreichen. Aber wenn ich zwischen zwei Gedanken wählen kann, wer ist es dann, der wählt? So viele Leute sagen, es sei so schwer, positiv zu denken – und das stimmt. Es ist dann schwer, wenn man nicht lernt, an den Ursprung der Gedanken zu gehen. Denn wenn du das tust, dann nimmst du deine Gedanken wie Gegenstände wahr, mit denen du dein Zimmer einrichtest. Der eine ist hässlich, der andere schön. So wählst du das Schöne. Und dann folgt eines dem anderen. Du bist voll mit dem Schönen, identifizierst dich mit Fülle und daraus entsteht wiederum Fülle.

(HeyB)

Genau wie ein Tisch im Grunde nicht aus fester Materie besteht, tun Gedanken das erst recht nicht. Sie kommen und gehen, erscheinen und verschwinden, Gedanken haben keine Substanz. Es sei denn, wir geben sie ihnen. Es sei denn, wir bilden eine Beziehung zu ihnen. Und tun wir das, dann entsteht ein Muster, ein Automatikprogramm, von dem wir glauben, es sei unser Charakter, von dem wir glauben, wir *müssen* tun, was wir tun, und fühlen, was wir fühlen.

Wir sagen, wir sind nun mal so, aber das stimmt nicht. Es ist so, dass wir uns selbst zu dem gemacht haben, was wir sind. Wir haben vergessen, dass wir das verursacht haben – dass wir diese Macht haben - nicht nur zu erschaffen, sondern auch, die Dinge wieder zu ändern.

(HeyB)

Wenn du *weißt*, dass alle Gedanken Bewusstsein sind, alle Gedanken Gott sind, wenn du weißt, dass Gott letztlich du bist, kannst du sie dann überhaupt verdammen? Oder dich deswegen schlechtmachen? Sind sie dann nicht einfach etwas, was auftaucht, etwas, was du dir ansehen kannst ... etwas, aus dem du bewusst wählen kannst? Siehst du dann die Welt nicht als das, was sie ist? Als deine Spielwiese? In der du erschaffen kannst, was du willst?«

(HB)

Du kannst deine Gedanken nicht loslassen, weil du sie erschaffen hast, aber du kannst wählen, welchem Gedanken du Bedeutung schenkst. Und jetzt geh einen Schritt weiter: Was wäre, wenn du endlich daran glaubst ... wenn du weißt, dass du das allerhöchste Selbst bist, rein und pur, ohne jede Sünde, ohne jeden Makel? Was wäre, wenn du dich ständig *damit* identifizieren würdest? Mit der reinen Quelle in dir? Wenn du dir das immer und immer wieder klarmachst? Das ist keine Blasphemie, das ist wahrer Mut! Denn dann würdest du wissen, dass Gott in dir wohnt, dann würdest du keinem negativen Gedanken mehr glauben – und das ist das, was du anstreben solltest.

(HF)

Frei von Gedanken?

... ein kleiner Ausschnitt aus einem Dialog in „Herzschlagfinale“ - eine Analogie für unsere Gedanken:

»Das erinnert mich an eine Geschichte«, sagte Jyoti. »Da liefen zwei Männer an einem Fluss entlang und plötzlich sah der eine von ihnen ein kostbares Bärenfell auf dem Wasser treiben. Er sprang hinein und wollte es herausholen. Aber als er das Fell packte, merkte er, dass es kein Fell, sondern ein lebendiger Bär war. Sein Freund sah vom Ufer aus zu und schrie: ›Warum lässt du denn nicht los! Lass doch den Bären los!‹
Worauf der Mann zurückschrie: ›Das will ich ja! Aber der Bär lässt mich nicht los!‹

Es ist wichtig, zu erkennen, dass ein Gedanke ein Gedanke ist. Unter Milliarden von Gedanken. Warum pickst du die raus, die dir wehtun?
... Das tun wir fast alle, aber es so wichtig zu erkennen, dass das nichts anderes als eine Konditionierung ist. Unsere Meinungen, Überzeugungen, Neigungen und Abneigungen, unsere Reaktionen und Wahrnehmungen sind alle Teil unserer früheren Programmierung. Wir glauben, das komme alles aus unserem Inneren, es käme von uns, aber das stimmt nicht. Meistens ist dieses Wissen von anderen entliehen. Und von dieser Konditionierung müssen wir uns befreien.

Im Yoga bedeutet Disziplin ›Reinigung‹. Dich genau von diesen Konditionierungen zu befreien, damit du auf deine Quelle stößt, auf die Energie, die dich geschaffen hat. Auf Liebe.

(HF)

Du hältst den Spiegel für die Realität. Du hast das Bild darin erschaffen - und jetzt schreist du das Spiegelbild an. Meinst du, das ändert etwas?

(HF)

Es sind immer nur die Gedanken über die Situation, die uns leiden lassen.

Eine bekannte Geschichte aus Indien:

Ein Mann war tagelang gewandert und hatte nichts zu essen. Da setzte er sich in seiner Verzweiflung unter einen Baum und begann, in Gedanken zu kochen. Er kochte sich ein Chutney, ein richtig scharfes gutes Chutney, und tat eine Chilischote nach der anderen hinein, bis sein Mund und seine Augen von der Schärfe brannten und er fast keine Luft mehr bekam. Er riss die Augen auf und rief:

»Wasser! Wasser!«

Ein Fremder kam vorbei, gab ihm aus seiner Flasche zu trinken und fragte:

»Was ist passiert?«

Der Mann erzählte es ihm und der Fremde sagte:

»Du hättest alle Gerichte dieser Welt kochen können, du hättest dir das süßeste Dessert bereiten können ... und was tust du? Du vergällst dir dein eigenes Essen.«

(...)

Jyoti sah mich an.

»Du willst glücklich sein? Dann identifiziere dich mit dem, was dich glücklich macht. Ist dir dein Leben zu scharf, Greta? Dann lass die Chilis weg.«

(HF)

Rolling Thunder:

»Die Menschen müssen Verantwortung für ihre Gedanken übernehmen… wir haben in diesen Dingen eine Wahlmöglichkeit und wir müssen das erkennen und üben, diese Wahlmöglichkeit zu nutzen. Es nützt nichts, dich für die Gedanken und Ideen und Träume zu verurteilen, die dir in den Geist kommen. Es nützt also nichts, mit dir selbst zu streiten oder deine Gedanken zu bekämpfen. Erkenne einfach, dass du denken kannst, was du wählst. Du brauchst all den unerwünschten Gedanken keinerlei Aufmerksamkeit zu schenken. Wenn sie dir immer wieder in den Kopf kommen, lass sie einfach stehen und sage: ›Ich wähle solche Gedanken nicht‹, und sie werden bald verschwinden. Wenn du eine stetige Entschlossenheit bewahrst und an dieser Zielrichtung festhältst, dann wirst du erkennen, wie du diese Wahlmöglichkeit einsetzen und dein Bewusstsein kontrollieren kannst, sodass dir keine unerwünschten Gedanken kommen. Dann kannst du auf vollständige und richtige Weise Läuterung erfahren.

(TiO)

Ein Gedanke ist eine Gewohnheit, nichts weiter. Und Gewohnheiten lassen sich ändern. Und wenn ein Gedanke ein Gefühl in dir produziert, dann sind deine Gefühle von deinen Gedanken abhängig. Und deine Gedanken steuerbar. Wenn du endlich wieder die Verantwortung für dein Leben übernimmst.

(HB)

"Cut the mind with the mind"
Besiege den Kopf mit dem Kopf.
Die Gedanken mit den Gedanken.

(aus dem Yoga Vasishta)

Wie löst man sich von Unangenehmen?

Indem man Gedanken als das sieht, was sie sind. Eine Masse an Energie, die dir zur Verfügung steht. Auch Probleme und Turbulenzen sind nichts anderes als eine Masse an Energie. Wenn du Gedanken als das sehen kannst und zu ihnen eine andere Einstellung gewinnst, wenn du dich nicht in ihren Bann ziehen lässt, sondern sie in deinem bleiben, dann wird das Leben sehr einfach.
(HF)

Kannst du dich nicht einfach mal so stehen lassen - mitsamt deinem schlechten Gefühl? Wenn du dich wehrst, schaust du dir deine Situation gar nicht an. Und auch nicht die Gedanken, die sie verursachen. Das ›Sich dagegen wehren‹ macht den eigentlichen Schmerz aus. Das macht ihn zur Dauereinrichtung.
(HF)

Das ›Sich-Wehren‹ gegen einen miesen Gedanken ist schlimmer als der miese Gedanke selbst.

Es ist dieser Gedanke, dass du den Gedanken nicht haben sollst, der geheilt werden muss, nicht dein Herz. So viele Menschen sagen, sie müssten ihre Seele oder ihr Herz heilen. Aber es ist nur dieser Gedanke, der Heilung bedarf - denn er ist es, der Entfremdung verursacht. Dein Herz ist immer gesund. (HF)

Wann ist Friede in der Welt?

Alle suchen den Frieden im Außen und führen Krieg in ihrem eigenen Herzen. Sie warten darauf, dass die Welt in Frieden lebt, damit sie Frieden empfinden können. Aber sie sind mit sich selbst nicht in Frieden und in ihrem Inneren herrschen Wut und negative Gefühle, Trauer, Minderwertigkeit, Resignation, Groll, Rache oder Zorn. Und das Bild, das ihnen ihr Inneres zurückwirft, ist genau diese Welt.

(HeyB)

Wenn dir das Bild im Spiegel nicht gefällt, macht es wenig Sinn, den Spiegel zu zerbrechen.

(LC)

Die Welt ändern zu wollen wäre wie der Versuch, seinem Spiegelbild einen Pickel ausdrücken zu wollen.

(SG)

Jede Änderung der Welt beginnt damit, dich selbst zu achten und das Gute in dir zu sehen.

(SG)

Was ist die wahre Krankheit der Menschen und unserer Welt? Die Krankheit, der alles zugrunde liegt, die der Gewalt, dem Hass, Rassismus, all dem Negativen Nahrung gibt?

Die meisten von uns sind vollkommen nach außen orientiert. Wir verlieren uns in unserem eigenen Spiegelbild. Niemand sucht den Grund für all diese Auswüchse der Welt in sich selbst, niemand wagt, daran zu glauben, dass die Welt nur dadurch zu heilen ist, wenn man sich selbst heilt – das klingt viel zu abgedreht, viel zu banal - und viel zu einfach.

(HeyB)

Schlimme Dinge kann man nicht negieren. Sie sind da. Aber das Heldenhafte ist, gerade dann, wenn Schlimmes passiert, wenn Menschen einander betrügen, wenn sie lügen, sich gegenseitig hassen, anderen Schlechtes tun – gerade dann an das Gute zu glauben. Denn Gutes ruft Gutes hervor – wenn auch nicht gleich. Und böse Taten haben demnach auch ihre Konsequenzen. Wenn du aufhörst, Tugenden zu leben, Gutes zu tun, deinen Charakter zu veredeln, wenn du nicht ehrlich bist oder dein Mitgefühl verlierst, forderst du andere auch dazu auf. Du erschaffst dir deine Welt.

(HeyB)

Mach mich glücklich!

Kein Partner der Welt ist für dein Glück verantwortlich. Das kannst immer nur du sein. Menschen stellen sich so oft die Frage, ob sie mit diesem oder einem anderen Partner glücklich wären. Sie stellen sich die Frage, ob sie bei ihrem jetzigen Partner bleiben oder sich scheiden lassen sollen. Und sie kennen die Antwort nicht, verharren in Untätigkeit oder entscheiden sich falsch. Weil sie die richtige Frage im Leben nicht stellen: Kannst du mit dir selbst zusammen sein? Bist du mit dir glücklich? Bist du mit dir im Reinen?

(HeyB)

Niemand ist für dein Glück verantwortlich. Das bist nur du. Ein anderer soll dich lieben? Es ist nicht die Aufgabe eines anderen, dich zu lieben - es ist deine Aufgabe ... für die du auf diese Welt gekommen bist: Die Liebe zu Dir zu finden. Alles andere fügt sich.

(Seele)

Du kannst einen Menschen nicht zwingen, dich zu lieben.
Aber Du kannst ein Mensch sein, den man lieben kann.
(Mutter Teresa)

Wie soll ich mit Menschen umgehen?

Kannst du die Grundlage einnehmen, dass jeder Mensch auf seine Weise glücklich werden will? Jeder tut das, was er tut, weil er Leid vermeiden und Glück erreichen will. Das wollen wir alle. Und auf dieser Basis kannst du für andere Mitgefühl empfinden.

Und auch, wenn die Dinge, die wir unternehmen, um glücklich zu sein, manchmal nicht sinnvoll sind, so erlaubt uns doch diese Einstellung zum einen, allen Menschen Glück zu wünschen, echtes Glück - so wie wir das auch wollen. Und zum anderen: unser eigenes Tun und unser Umfeld zu hinterfragen. Diese Grundlage gibt uns Unterscheidungsvermögen.

Wir müssen nicht mit jedem zusammen sein. Im Gegenteil. Es ist so wichtig, sehr wichtig, sich ein gutes Umfeld zu schaffen. Vergiss nicht, dass auch du glücklich sein willst. Finde heraus, welchen Rahmen du dafür brauchst.

(HeyB)

Alle Beziehungen sind Schlüssel-Schloss-Geschichten. Sei ihnen dankbar. Und versuche, zu erkennen, was sie dir zeigen wollen.

(TiO)

Wenn du auf eine niveaulose Provokation niveaulos reagierst, ist keiner der Betroffenen besser als der andere. Aber wenn du es schaffst nobel zu handeln, hast du einen Sieg errungen - über dich.

(TiO)

»Verurteile keinen Menschen und halte kein Ding für unmöglich,
denn es gibt keinen Menschen, der nicht seine Zukunft hätte,
und es gibt kein Ding, das nicht seine Stunde bekäme«.

(Rabindranath Tagore)

Liebe und Selbstliebe

Es gibt so viel Liebe in der Welt - so viel Liebe. Die ganze Welt besteht daraus. Wenn du lieben könntest, ohne zu wollen, wärst du jetzt schon vollkommen glücklich. Wenn du dein Leben einfach so nehmen könntest, wie es ist, wärst du glücklich. Wenn du dir und Gott vertrauen könntest, dass das Beste für dich geschieht, wärst du vollkommen frei.

(HF)

Liebe ist etwas Großartiges. Aber kannst du lieben, ohne zu wollen? Denn das wäre wahre Liebe.

(HeyB)

Liebe ist etwas, das dich erhebt. Sie sollte nicht auf ›Besitzen-wollen‹ reduziert werden. Und vielleicht erkennst du irgendwann, dass du nur lieben kannst, wirklich lieben kannst, wenn du die Liebe zu dir selbst gefunden hast.

(HeyB)

Wenn du jemanden zu sehr bewunderst, dann schätzt du dich selbst zu gering ein.
Alles, was du an anderen siehst, trägst du in dir,
sonst könntest du diese Eigenschaften gar nicht erkennen.
(HF)

Kannst du Liebe spüren? Jeder kann das. Wir spüren Liebe für unsere Haustiere, unsere Kinder, unsere Partner, selbst für Gegenstände, für Landschaften - und manchmal sogar für uns selbst. Jede Art von Liebe ist ein Strahl, dem du zu einer noch tieferen Liebe in dir folgen kannst. Und diese Liebe stirbt niemals, weil sie von innen kommt. Sie hat im Grunde nichts mit den Objekten zu tun, denen wir sie entgegenbringen. Denn: Woher kommt diese Liebe? Sie entsteht nicht, weil es etwas im Außen gibt, das man liebt, sondern, weil wir aus ihr gemacht sind und wir sie dann auf andere übertragen können.

In unseren Herzen lodert eine riesige, unerschöpfliche Quelle. Selbst wenn du das verlierst, was du liebst, dann ist diese Liebe, diese Quelle immer noch da. Eine Quelle, auf die du immer zugreifen kannst, weil sie dich niemals verlässt und dich niemals im Stich lässt. Aller Friede, alles Glück, alle Liebe ist in dir.

Und du bist hier, um diese Liebe zu aktivieren, um sie zu erfahren, um sie zu leben - um letztendlich frei zu sein – von allem Leid.

(HeyB)

Liebe zu kultivieren bedeutet nicht, immer nur lieb zu sein, zu lächeln, zu allem ›ja‹ zu sagen oder alles zu erdulden. Liebe hat viele Gesichter und viele Facetten. Liebe bedeutet vor allem, sein eigenes Herz zu verteidigen.

(HF)

Liebe dich selbst

Was heißt das eigentlich? So viele sagen ›Liebe dich selbst‹ und missverstehen diese Botschaft so grundlegend. Denn eigentlich müsste es heißen: ›Liebe dein Selbst‹.

Liebe das, was dich erschaffen hat. Was dich leben lässt. Was dir deinen Atem gibt. Das, was dich überhaupt erst Liebe und alles andere empfinden lässt.

Liebe das, was dich ausmacht - und mache dich auf die Suche danach.

Erst dann weißt du, was es heißt, das Leben zu lieben, dich zu lieben, andere zu lieben.

(SG)

Der Gedanke, dass ein anderer dir Liebe geben muss, damit du glücklich bist, ist eine Falle. Wenn du Liebe willst, gib sie, das ist alles, was du tun kannst.
(TiO)

»Das Beste, was du tun kannst, wenn du Liebe willst, ist, dich selbst zu lieben. Warum sollen andere dich lieben, wenn du es nicht tust?
(HeyB)

Ist es nicht schade, sich nur dann selbst lieben zu können, wenn andere es tun? Und wenn sie es nicht tun, an dir zu zweifeln? Und wie willst du je andere lieben können, wenn du nur dauernd von ihnen Liebe forderst?
(HeyB)

Suche die Liebe nicht in anderen Personen. Warte nicht, bis andere sie dir geben. Suche sie in deinem Herzen. Dort ist sie unendlich und bedingungslos. Und da drinnen ist es spannender, als du meinst! Die Menschen gehen nach außen, nicht nach innen. Das ist das ganze Übel. Sonst nix.
(TiO)

Liebe ist magisch, sie ist frei – weil sie sich keinen Deut darum schert, was andere denken, weil sie sich in kein Schema der Welt pressen lässt. Sie geht unkonventionelle Wege, unabhängig von den trendigen Moralvorstellungen des Kopfes. Liebe muss noch nicht einmal verzeihen, weil sie weiß, dass es nichts gibt, was zu verzeihen wäre, und mit Stolz hat sie schon gar nichts zu tun. Sie nimmt sogar die Angst vor dem Tod.

(Seele)

Schicksal ist ein Synonym für Liebe – und Liebe weiß, was wir brauchen.

(Seele)

Liebe ist überall. Liebe verschwindet nirgendwohin. Es gibt keine Situation, in der sie nicht existiert.

(Seele)

Gott ist nicht jemand oder etwas außerhalb von uns. Er ist in uns, in Form von Freude, Glück, Freundlichkeit, Vertrauen ... und er wird lebendig, wenn ihr das lebt. Wenn ihr jemandem etwas Nettes sagt. Wenn ihr innehaltet, bevor ihr etwas Böses tun oder sagen wollt, und etwas anderes daraus macht. Wenn ihr nicht zulasst, von niederen Regungen wie Wut, Trauer oder gar Hass überwältigt zu werden.

(...)

Wir sollten uns jeden Tag daran erinnern, welche Gedanken und Gefühle wir in die Welt setzen. Jeder von uns hat nur eine begrenzte Zeit – also: Nutzt sie! Nutzt sie, um zu lieben! Freut euch an den Kleinigkeiten des Lebens, sie sind das Beste daran und sie machen das Leben erst groß.

Ich wünsche euch von Herzen alles Liebe und Gute, wünsche euch, dass ihr euch auf die Suche nach der wahren Liebe in eurem Leben macht – der Liebe zu euch selbst.

(Seele)

Liebe ist kein Handeln, Liebe ist ein Zustand.

Eine andere Sichtweise von „Leid“

Leid ist die Öffnung, durch die du alles erkennen kannst. Es geht nicht darum, sich schuldig oder als Opfer zu fühlen. Es geht immer nur darum, die Situation zu nutzen, um die Dinge besser zu machen. Das wirklich Schlimme wäre, wenn du sie nicht besser machen wolltest.
(HF)

Wut, Depression oder Traurigkeit sind nur ein Zeichen dafür, dass du mit dir selbst im Clinch liegst - und zwar gewaltig. Die Upanischaden sagen:

›*Du bist aus Freude geboren und kehrst dorthin zurück.*
Du bist aus Liebe geboren und kehrst dorthin zurück.
Du bist aus Glückseligkeit geboren und kehrst dorthin zurück‹.

Und da du aus Freude, Liebe und Glück geboren bist, sind alle anderen Gefühle nur Überlagerungen.
(HF)

Leid ist nur ein gedankliches Gebilde – eines, das man auch wieder loslassen kann.
(Seele)

Negative Gefühle

Solange man einen menschlichen Körper hat, fühlt man nun mal Wut, Trauer, Ärger, verliebt sich und leidet, wenn es nicht erwidert wird. Das kann man nicht verhindern und darum geht es auch gar nicht. Wichtiger ist, eine andere Beziehung zu diesen Gefühlen zu entwickeln, eine Einstellung, die es dir erlaubt, nicht an sie gebunden zu sein. Das ist etwas, was man trainieren kann, Gefühlen nicht erlauben, alles mit dir zu machen, was sie wollen, sie nicht für so wichtig zu nehmen. Und das heißt nicht: Sie abzutöten oder zu unterdrücken. Es heißt nur, dass du auch Gefühle, genauso wie Gedanken, bis an ihren Ursprung zurückverfolgen kannst. Dort lösen sie sich auf.

Du hast diesen ewigen Anker in dir, diese ewige Freude und damit stehst du über den Dingen. Du befreist dich nicht, um aus dieser Welt auszusteigen, sondern du befreist dich, um friedlich in ihr leben zu können.

(HF)

Zeit heilt keine Wunden?

Doch, das tut sie, denn die Zeit erlaubt uns, zu verstehen. Dafür ist sie da, die Zeit. Denn mit der Zeit können wir Dinge, die uns widerfahren sind, durchschauen. Und dann kannst du sie in der Tiefe loslassen. Nur das Ego suhlt sich im Leid und lässt die Zeit nutzlos verstreichen. Dein Herz aber möchte frei sein. Unangenehme Dinge sind immer ein wunderbares Mittel, diese Freiheit zu erlangen. Früher oder später wirst du den Mut haben müssen, dich damit zu beschäftigen. Dir das anzuschauen, was dich quält.

(HeyB)

Der Schmerz ist ein heiliger Engel und durch ihn sind mehr Menschen größer geworden als durch alle Freuden der Welt.

(Adalbert Stifter)

(LC)

Warum ist dieses Innere so wichtig? Warum ist es so wichtig, sich nach innen zu wenden, die innere Welt zu entdecken?

Weil es dich auf eine Weise leben lässt, die dich mit der Zeit unabhängig vom Auf und Ab dieser Welt macht. Weil du damit Gleichmut gewinnst. Weil du damit herausfindest, wer du wirklich bist. Die Welt besteht weiterhin aus Hochs und Tiefs, sie besteht aus Gegensätzen, aber du musst nicht darunter leiden.

(HeyB)

Schicksalsschläge können genau das sein: gewaltige Pushs nach oben. Gewaltige Sprünge in deinem universellen Schicksal ... auf deinem Weg zu dir.

(LC)

Du hast dein Schicksal, so wie es ist, genau deswegen: Um die Gelegenheit zu haben, sich von unguten Dingen zu lösen. Wie willst du es sonst tun?

Irgendeine Aufforderung muss das Leben doch haben!

(TIO)

Alles hat seinen Sinn. Wenn du diesen noch nicht siehst, heißt das nicht, dass es keinen gibt. Wir akzeptieren das, was wir verstehen und bei allem, was über unseren momentanen Verstand hinausgeht, sagen wir: Es ist nicht wahr. Lass das nicht so stehen. Entwickle lieber deinen Verstand.

(HF)

Tod

Er ist die Tür zu etwas Neuem, vor dem wir nur Angst haben, weil wir voraussetzen, es sei etwas Schreckliches ... es wartet lediglich etwas anderes auf uns. Auf dich und auf mich.

(HeyB)

So oft denkt man, es wäre doch noch so viel Zeit, sich zu ändern, Positives zu entwickeln und Negatives abzubauen, aber das stimmt nicht. Denn jeder Tag, an dem man nicht versucht, freundlich zu sein, oder Liebe zu kultivieren, ist ein verlorener Tag. Er kommt nie mehr zurück.

(HeyB)

Der Tod ist unser bester Freund. Von Geburt an. Denn was wir Menschen oft vergessen, ist, dass unsere Zeit im Prinzip rückwärts läuft, sobald wir auf der Welt sind. Jede Sekunde wandert der Tod mit und jede Sekunde haben wir Gelegenheit, die Liebe zu leben.

Wenn wir sterben, nehmen wir das Ungelöste mit ... und gestalten damit unser nächstes Leben.

(HeyB)

Der Tod erhebt alles, er taucht das Leben in ein intensiveres Licht. Er macht alles schöner. Er lässt dich die wunderbaren Seiten deines Lebens sehen. Jede Arbeit ist plötzlich etwas Besonderes, jedes Ding, das dich vorher geärgert hat, gewinnt mit einem Mal eine tiefere Bedeutung. Die Tatsache, dass es den Tod gibt, lässt dich erst wirklich leben, lässt dich das Leben schätzen. Du erkennst, was vergänglich ist und was ewig währt, und du fängst automatisch an, dich dem zuzuwenden, was ewig ist: Deinem Herz, deiner Seele. Und das macht das Leben noch wertvoller.

(HeyB)

Wozu ein guter Mensch sein?

... weil wir glücklich sein wollen und auf Dauer können wir das nur, wenn wir gute Eigenschaften kultivieren.

Es heißt, dass du alle geistigen, spirituellen Errungenschaften nach dem Tode mit dir nimmst und im nächsten Leben wieder da anfängst, wo du in diesem aufgehört hast. Es heißt, dass das, was du zum Zeitpunkt deines Todes denkst oder sagst, Gewicht hat. Deine Wünsche, deine Ziele für das nächste Leben, deine Verdienste und das, was du noch lösen musst. Wenn du also Angst hast, nimmst du das mit. Wenn du dich nicht mit den Dingen beschäftigst, die dich belasten, nimmst du auch diese mit.

Umso wichtiger ist es, sich auf den Tod auf diese Weise vorzubereiten. Denn du kannst jeden Tag, der dir geschenkt wird, dafür nutzen, Ballast loszuwerden, glücklich zu sein, Freude zu empfinden, Zufriedenheit, tiefen Frieden ... Es ist so sinnlos, böse zu sein ... oder gierig ... oder dich zu grämen, weil du etwas nicht hast. Das alles bringt der Tod in die richtige Relation und so erhebt er dich im Grunde mehr als das Leben, denn der Tod lässt, richtig genutzt, eine gewaltige Liebe in dir emporsteigen. Du erkennst, dass du eigentlich nur deswegen auf die Welt gekommen bist. Dass du dir dieses Leben ausgesucht hast, damit du genau das lösen kannst, was dich am Erleben dieser Liebe hindert.

Und irgendwann kommst du an den Punkt, an dem du erkennst, dass das Leben nur eine Geschichte ist, die du erfunden hast. Eine, die dir die Lösung von Blockaden überhaupt erst ermöglicht. Das Leben ist eine Analogie, ein Gleichnis, das dich verstehen lässt, wer du wirklich bist.

(HeyB)

Wahre Stärke

Zwei Freunde hielten an einem Kiosk, weil der eine von ihnen sich eine Zeitung kaufen wollte. Höflich bedankte sich der Mann bei dem Zeitungsverkäufer, der ihn jedoch überaus feindselig und eisig anstarrte, ohne ein Wort des Dankes.

»Meine Güte, der ist aber mies drauf«, sagte der andere Mann dazu.

»Och, der ist immer so«, antwortete sein Freund.

»Warum kaufst du dann jeden Abend die Zeitung bei ihm? Und bist überdies so freundlich?«, fragte der Mann verständnislos.

Worauf der andere erwiderte: »Warum sollte ich ihn bestimmen lassen, wie ich mich verhalte?«

(TiO)

Lerne, das Klima zu kontrollieren, in dem deine Gedanken und Worte gedeihen.

So viele Menschen sprechen einfach aus, was sie denken, ohne es vorher gefiltert zu haben. Halte inne, bevor du etwas sagen willst. Es gibt deinen Worten mehr Gewicht. Und es lässt dich über die Konsequenzen deiner Sätze nachdenken. Halte vor allem inne, wenn du wütend bist. Vielleicht kannst du das, was du sagen willst, auch auf andere Weise sagen.

(TiO)

Solange wir Menschen sind, ist es sehr wichtig, Gutes zu denken und Gutes zu tun. Tugenden zu kultivieren. Tugenden wie Ehrlichkeit, Verlässlichkeit, Mitgefühl, Liebe, ja, auch innezuhalten, wenn man etwas Böses sagen will. Und warum? Weil dich Tugenden und gute Dinge zu deiner inneren Quelle leiten. Sie sind die Ausläufer dieser Quelle, und egal, welchem Strahl du folgst - er wird dich hinführen.

Dein Geist kann jede Beziehung und jede Situation so umwandeln, dass sie zur Hölle werden. Daher ist es wichtig, positiv zu denken und Tugenden zu kultivieren, denn dann wird der Weg leichter. Der Weg zu dir selbst, zu deiner Quelle in dir drin.

Ein guter Mensch sein zu wollen heißt aber in erster Linie: gut sein zu dir. Du kannst nicht zu anderen Menschen gut sein und dich selbst grausam behandeln. Das nützt nichts.

In der Maitri Upanishad steht: ›*deine Gedanken schaffen deine Welt und du musst sie durch eigene Anstrengung reinigen. Was ein Mensch denkt, das wird er. Das ist das ewige Mysterium.*‹

(HF)

Wenn wir aufhören, an das Gute zu glauben,
wenn wir aufhören, an Glück zu glauben ...
wie soll es dann entstehen?
Letztendlich ist doch unsere ganze Materie aus Gedanken entstanden.
(LC)

Je mehr schlechte Dinge in der Welt geschehen, desto gütiger solltest du werden.
Share goodness as much as possible.

Ein Menschenleben ist etwas Kostbares. Wir können in diesem Körper, den wir haben, die Hölle oder den Himmel erleben. Wofür entscheidest du dich?
(LC)

Es ist so wichtig, an sich selbst zu arbeiten. Und nur an sich selbst. Das kannst du, indem du dem Grundsatz folgst, jedem Menschen Liebe und Respekt entgegenzubringen.
(TiO)

Bringst du *dir* Respekt entgegen? Wenn du weißt, wer du wirklich bist, würdest du das automatisch tun. Und es wäre für dich überhaupt keine Schwierigkeit, anderen Respekt entgegenzubringen.
(TiO)

Muster

Durch seine Muster zieht man immer wieder die gleichen Situationen und Personen an, doch statt die Situation zu verurteilen, sollte man eher das Muster erkennen, das den Lebensumständen zugrunde liegt.

Wegen dieses Musters wählst du, was du hast, und bekommst deine Meinung über die Welt, über die Menschen in ihr, immer wieder bestätigt.

Alles fängt damit an, dass man diese Muster hinterfragt.

(HeyB)

In dem Moment, in dem du dich über andere aufregst, verlierst du dich schon selbst.

(TiO)

Warum passiert mir nur so etwas (Negatives) immer wieder?
Ursache und Wirkung

»Der Grundsatz von Ursache und Wirkung ist zwar bekannt, ergibt aber, ausgehend von der Annahme, dass wir nicht nur einmal hier auf die Erde kommen, einen tieferen Sinn.

Jede Handlung hat ihre Folgen. Was aber dabei immer wieder gerne vergessen wird, ist die Zeit. Wenn du heute bei Rot über die Ampel fährst, passiert erst mal nichts. Es dauert eine Weile, bis der Strafzettel ins Haus flattert. Und womöglich hast du sogar vergessen, dass du ein Verkehrsdelikt begangen hast, und wunderst dich über die Mitteilung. Genauso ist es im Leben. Hast du Gutes getan, sind das deine Verdienste. Wenn du Schindluder treibst, wirst du es ausbaden müssen. Manche Menschen begehen scheinbar ungestraft Verbrechen, kommen einfach so damit durch. Aber dem ist nicht so. Irgendwann müssen sie geradestehen für ihre Handlungen ... nur sehen wir das halt nicht immer gleich, weil sie das möglicherweise in einer anderen Form, in einem anderen Leben tun. Dann passieren Dinge, die sie nicht nachvollziehen können. Es ist ein faires System, weil es zeigt, wie wichtig es ist, gute Eigenschaften zu kultivieren. Das ist viel wichtiger, als es zunächst den Anschein hat. Es ist zeitübergreifend.«

»Aber ich weiß doch gar nicht, was ich in meinen letzten Leben alles falsch gemacht habe!«

»Nein, das kannst du nicht wissen. Aber es hilft dir in diesem Leben anzunehmen, was kommt.«

(TiO)

Du nimmst doch eh nichts mit, wenn du stirbst – außer deinen Blockaden und Mustern, die du aufgebaut hast. Allein deswegen wäre es doch weitaus sinnvoller, vorrangig diese zu lösen, oder?
(TiO)

Das Wichtigste auf der Welt ist: Sein eigenes Herz zu finden, sein höheres Selbst, sein Licht oder welchen Namen auch immer du für dein Inneres wählst. Früher oder später musst du es tun. Du hast dein Leben mit all deinen Herausforderungen genau deswegen bekommen. Damit du dieses Ziel erkennst, dich auf den Weg machst und dich von dem löst, was dich unglücklich macht.
(TiO)

Solange du die Welt und dein Leben ablehnst, lehnt die Welt und das Leben dich ab.

Wenn du die Welt umarmst, umarmt sie dich.

(LC)

Wenn du deine Muster änderst, gibst du nicht nur dir eine Chance. Du gibst vielen Menschen eine Chance. Du gibst der Welt eine Chance.

(Seele)

Schönheit

... die man im Außen wahrnimmt, kommt immer von innen. Von woher sonst? Wenn zwei Menschen einen Sonnenaufgang anschauen, kann es sein, dass der eine total ergriffen ist und der andere gar nichts fühlt. Aber der Sonnenaufgang ist, wie er ist. Die unterschiedliche Wahrnehmung kommt von der Bereitschaft, das Schöne zu sehen, kommt von der Kopplung des Schönen mit dem Inneren - und dann sieht man es auch im Außen.

(TiO)

Ich wünsche mir ...

»... im Grunde wünsche ich mir nichts sehnlicher als tiefen inneren Frieden und innere Freiheit.«

Erstaunt hörte ich mich das sagen. War das wirklich alles?

»Das ist viel«, antwortete er. »Wenn du das hättest, hättest du alles.«

(TiO)

Freiheit

Wenn du frei sein willst von Hindernissen und schwierigen Situationen, wirst du nie frei sein. Diese Art von Freiheit gibt es nicht. Aber wenn du die Freiheit meinst, trotz der Steine auf deinem Weg glücklich zu sein ... obwohl blöde Dinge passieren ... dann wärst du wirklich frei.
(TiO)

Es gibt Menschen, die haben alles, was sie brauchen und machen sich trotzdem Sorgen. Und andere sind verstrickt in Schwierigkeiten und dennoch frei, weil sie es gar nicht so empfinden. Freiheit ist eine Geisteshaltung.
(TiO)

Gute Gedanken sind ein Anfang. Aber sich all der Gefühle im Inneren bewusst zu werden - das ist die wahre Freiheit.
(HB)

✯✯✯

Die größte Hürde für Menschen ist, uns freizumachen von Bindungen an Dinge, die wir nicht haben. Das ist wahre Freiheit. Wie wäre es, dich von jedem gewünschten Ergebnis, von jeder Erwartung zu lösen? Dann kommst du in Kontakt mit dir selbst, dann hast du die Geduld, die du für deine Aktionen brauchst. Du wirst offen für die Menschen um dich herum. Vielleicht siehst du dann Dinge, die du vorher nicht gesehen hast. Wenn du dich vom Ergebnis löst, hast du einfach die Geduld, etwas Höheres in dir die Arbeit tun zu lassen. Und dieses Höhere weiß, was gut für dich ist. Es gibt eine Instanz in dir, die dich leitet. Der musst du vertrauen.

(HF)

Meditation

Meditation ist ,schwer'?

Nein, das ist sie nicht. Sie wird nur so oft falsch verstanden. Es geht - gerade zu Beginn – nicht darum, die Gedanken wegzudrängen und schon gar nicht darum sich dafür zu verurteilen, dass man welche hat. Aber man sollte sie auch nicht verfolgen - nur beobachten.

Schau, was hochkommt. Lerne dich selbst kennen.

(...)

Das Schöne ist: Je öfter du es tust, umso feinfühliger wirst du. Irgendwann, wenn dein Geist ein wenig stiller geworden ist, nimmst du – und wenn es nur Sekunden sind – eine leise Freude in dir wahr. Umso öfter wirst du merken, wie Glück in dir aufsteigt. Und das Allerbeste ist, dass sich dies mit der Zeit summiert. Das geht nicht verloren, es fließt in deinen Alltag. Und je stärker dieser Zustand wird, umso geerdeter, sicherer und wohler wirst du dich fühlen - egal, was im Außen passiert. Erst dann ändert sich auch alles andere.

Mach den Fehler nicht und feile an der Umwelt und an anderen herum. Arbeite mit und an dir, bemühe dich, ein nobler Mensch zu sein. Das tun so wenige, weil es mühsam ist. Es erstaunt mich immer sehr, dass die Menschen das in Bezug auf ihren Körper oder auf Erfolg als normal empfinden: Wer trainiert, bekommt Muskeln. Wer sich anstrengt, erreicht etwas. Aber im charakterlichen Bereich meinen sie, man hat nun mal seine Persönlichkeit und man ist nun mal so oder so. Das stimmt nicht. Auch der Weg nach innen will trainiert sein.

Und auch der Weg zu einem guten Charakter.

(TiO)

Meditation ›klappt‹ nicht?

Du hast dich auf das Ziel (dein Inneres zu finden) ausgerichtet und es ist doch normal, dass man ein Ziel nicht immer vor Augen hat, wenn man unterwegs ist. Ich meine, wenn du heute nach Hamburg willst, dann siehst du doch die Stadt auch nicht, wenn du losfährst. Du siehst sie sogar sehr lange nicht. Du hast nur einen Plan von Leuten, die sie gesehen haben und die dir sagen – da ist sie. Der Punkt ist, daran zu glauben, dass sie da ist – auch, wenn sie noch nicht in Sichtweite ist. Aber mit jedem Kilometer, den du fährst, kommst du ihr näher. Doch wenn du jetzt anhältst, kommst du nie an. Mach einfach weiter. Gott *ist* in deinem Herzen. Liebe *ist* in dir. So viele Heilige haben schon darüber berichtet ... dass das Selbst existent ist, dass es real ist ... das ist deine Landkarte. Du findest ganz sicher dein Ziel. In dir.

(TiO)

»Ist der gedankenfreie Zustand nicht das Ziel der Meditation?«

»Gedankenfrei heißt, dass man von den Gedanken frei ist. Nicht frei von Gedanken. Das ist ein großer Unterschied«.

(HF)

Viele sind beunruhigt, weil sich während ihrer Meditationen scheinbar nichts tut ... eine Antwort darauf stammt aus dem Buch »Weil du meine Seele streichelst ...«

...

Diese Ruhe, diese Stille, die du fühlst, das ist dein inneres Kraftwerk.

Dann aber meldet sich dein Ego und meint, es müsste etwas ganz Eklatantes passieren, weil es ja was Besonderes sein will. Und darüber vergessen so viele, diese Ruhe und Stille zu schätzen und zu erforschen. Das *ist* das Selbst. Es ist das Selbst an seiner Oberfläche und du kannst darin eintauchen. Es ist viel einfacher, als die meisten das glauben. Mit diesem Selbst kannst du kommunizieren. Es ist ›Du‹ in deiner edelsten, reinsten Form. Es ist dein Freund, den du jeden Tag besser kennenlernst, wenn du dir die Mühe machst, ihn aufzusuchen und mit ihm zu reden. Jeden Tag, an dem du dir die Zeit dafür nimmst, näherst du dich deinem Herzen, der Quelle, die dich leben lässt. Es ist ein Freund, der dir alles gibt, der immer für dich da ist, der dich nie im Stich lässt.

Wenn du dich nicht um diese Freundschaft bemühst, kann sie nicht wachsen, verstehst du? Wenn du dir nie Zeit nimmst, verlierst du die Freundschaft mit dir selbst. Dann verlierst du deine Liebe. Und das projiziert sich nach außen. Dann dauert es nicht lange, bis du glaubst, keiner liebt dich. Dann ist dein Kopf danach ausgerichtet, Beweise dafür zu finden. Alle Menschen, die sagen, sie würden nicht geliebt, pflegen keine Freundschaft mit sich selbst und schieben die Schuld anderen zu. Meditation, mit dem Inneren in Kontakt zu kommen, ist ein tiefer, mysteriöser, alchemistischer Prozess. Wenn du dich in deiner Quelle, deinem Herzen, in dieser unendlichen Fülle verankerst, dann findest du dort unendliche Liebe, dann fühlst du dich wertvoll, egal, was andere sagen. Und dann spiegelt dir die Außenwelt das wider.

(Seele)

In den Upanischaden steht, dass du aus Liebe geboren bist und in die Liebe zurückkehrst. Das ist keine Theorie. Wann fängst du endlich an, daran zu glauben? Daran zu glauben, dass Liebe in dir ist? Dass du aus Liebe entstanden bist?

Wenn du eine liebevolle Welt willst, musst du den entsprechenden Film einlegen. Wenn du einen Film einlegen willst, musst du an den Projektor herankommen. Wenn du an den Projektor herankommen willst, musst du dich nach innen wenden.

(Seele)

Meditation ist nicht wirkungslos.
An Liebe zu glauben ist schwere Arbeit.
Denn das bedeutet, an sich selbst zu glauben.
(HeyB)

Meditation verankert dich in der Liebe.

Wenn du eine harte Situation in Ihrem Leben bewältigen musstest, wie schwer ist es dir gefallen, in diesem Moment Liebe zu empfinden? Wie schwer fällt es, positiv über einen Menschen zu denken, der dir Unrecht getan hat? Wie schwer ist es, einen negativen Gedanken vorbeifliegen zu lassen, ohne ihn zu verfolgen?

An Liebe und das Gute zu glauben, obwohl die Dinge im Außen etwas Gegenteiliges zu sagen scheinen, ist alles andere als leicht. Es ist die schwerste Übung überhaupt. Es ist die Übung, die die Welt besser machen würde, an der aber die ganze Menschheit scheitert. Fast die ganze.

(HeyB)

Du kannst die Sonne nicht mit deinem Willen zwingen, aufzugehen. Was du tun kannst, ist, dich in die Position zu begeben, die es dir ermöglicht, den Sonnenaufgang zu sehen. Mit der Meditation ist es ähnlich. Du kannst dich verfügbar machen ... still sitzen ... dann gleitest du automatisch hinein.

(HF)

Meditation ist viel weitgreifender, als die meisten meinen. Ja, es beginnt damit, dass du für einige Zeit am Tag still sitzt ... und wie schwer fällt am Anfang alleine das schon! Aber es endet damit, dass du in einen Zustand kommst, der dir das beschert, was du dir wünschst ... und der Clou ist, dass du dann aus diesem Zustand und damit aus deiner Quelle heraus handelst. Du bist nicht getrieben von Motiven wie »Ich muss das erreichen, weil ...« ... Du bist immer in Meditation, bei allem, was du tust.

Dich dir selbst zuzuwenden ist das höchste soziale Engagement, das du der Welt bieten kannst.

(TiO)

Der Räuber und die Prinzessin

In einem großen Reich lebte einmal ein Kaiser, der ein einziges Kind, eine Tochter, hatte, die ebenso schön wie klug war. Sie liebte es, am Hof ihres Vaters zu sitzen, wenn er Audienz hielt, und all die Menschen zu beobachten, die kamen und gingen. Sehr früh schon war sie als weise und heiter bekannt.

Als es für sie Zeit wurde zu heiraten, trat sie mit einem sehr außergewöhnlichen und gewagten Wunsch an ihren Vater heran: Sie wollte sich ihren Mann selbst aussuchen. Doch in jenen Tagen war es üblich, von den Eltern verheiratet zu werden und den Ehemann erst am Tag der Hochzeit zu sehen.

Sie sagte zu ihrem Vater:

»Ich glaube daran, dass man den Charakter eines Menschen an seinem Gesicht erkennen kann. Ich habe so viele Menschen gesehen, die zu dir gekommen sind. Weise Männer, edle Botschafter bis hin zu gemeinen Kriminellen. Und es scheint mir, was immer sie in ihrem Herzen tragen, findet sich in ihrem Gesicht wieder. Ich möchte keinen Mann heiraten, den ich zuvor noch nie gesehen habe. Ich möchte meinen Mann nach dem auswählen, was ich in den Tiefen seiner Gesichtszüge erkenne.«

Ihr Vater war bestürzt, aber schließlich gab er ihrem Wunsch nach und veranlasste Ausrufungen im gesamten Kaiserreich. Jeder Mann, der sich für geeignet erachtete, dürfe sich im Palast melden und, sollte er erwählt werden, die Prinzessin heiraten, um eines Tages Kaiser werden. Es gab kaum jemanden, der nicht glaubte, geeignet zu sein!

Und doch war da jemand, der wusste, dass er keine Chance hatte. Es war ein niederträchtiger, grausam aussehender Mann mit hartem Blick. Er war ein Dieb, ein Räuber und Betrüger und sein Gesicht war hart und grimmig. Aber er war auch sehr gerissen, er hatte einen scharfen Verstand und als er die Bekanntmachung vernahm, entstand in seinem Kopf ein Plan.

Wenn er es schlau anstellte, würde er den Kaiser bis auf die letzte Münze ausrauben können! Er musste nur in den Palast hineinkommen ... und wenn der Trubel um den Bräutigam am stärksten war, würde er unauffällig verschwinden, die Schatzkammer aufsuchen und seine Taschen mit genügend Gold für den Rest seines Lebens füllen.

Es gab nur ein Problem: Sein Gesicht.

So ging er zu einem Maskenbildner und erklärte ihm, er wolle eine lebensechte, wunderschöne Maske haben, die alle edlen Tugenden widerspiegeln sollte. Zu jener Zeit war das Modellieren von Masken eine sehr hohe Kunst in China und der Maskenbilder einer der besten und großartigsten im Land. Der Künstler blickte in das gewalttätige Gesicht des Räubers und bekam Angst. Und so legte er seine ganze Kunstfertigkeit und seine ganze Liebe, sein ganzes Können in diese Maske, nur, um ihn wieder loszuwerden. Als der Dieb zurückkam, um die Maske zu holen, konnte er kaum glauben, was er da sah. Sie wirkte so echt! Und sie war so wunderschön! Er zog sie über sein Gesicht – das Gesicht, das bisher bei den Menschen nur Furcht und Argwohn erweckt hatte, das sie stets dazu getrieben hatte, vor ihm Reißaus zu nehmen.

Doch als er jetzt in den Spiegel schaute, sah ihm ein Gesicht voller Güte, Freundlichkeit, Großzügigkeit und Liebe entgegen – und er hasste es vom ersten Moment an.

Hinter der Maske verzog sich das Gesicht des Räubers zu einem hinterhältigen Grinsen.

Sein Plan würde funktionieren! Und er hatte recht. Er kam mühelos in die Endrunde und war unter den Finalisten, die zum Palast gebeten wurden. Inmitten einer großen Prozession, mit Menschen am Wegrand, die jubelten und winkten und Rosenblätter streuten, schritt er mit den anderen Bewerbern Richtung Palast, die wunderschöne, noble Maske mit dem so gewinnenden Lächeln auf dem Gesicht. Die Menschen jubelten ihm zu – das war so ungewohnt für ihn! Unwillkürlich hob er seine Schultern, ging gerader, sah sich aber auch um und musterte unauffällig das Gelände. Doch plötzlich tauchten Krieger neben ihnen auf. Der Kaiser hatte aus Hochachtung vor den noblen Männern eine Eskorte mit den tapfersten und mächtigsten Kämpfern des Landes geschickt, die ihnen Geleit für das letzte Stück Weg gaben.

So sah sich der Dieb plötzlich von Kriegern umgeben, die auf ihn herab lächelten, ihm aber keine Sekunde von der Seite wichen. Auch nicht, als sie in den Palast traten. Er konnte nicht einfach unauffällig verschwinden, wie er es vorgehabt hatte! Er hatte überhaupt keine Chance!

Ehe er sich's versah, fand er sich mit den anderen Männern in der großen Halle des Palastes wieder – und die Prinzessin trat ein.

Ihr Blick fiel in der ersten Sekunde auf ihn. Und sie mochte, was sie sah. Begeistert rief sie ihrem Vater zu:

»Er! Er ist es!«

Die Leute fingen an zu jubeln, aber der Räuber schnappte hinter seiner Maske entsetzt nach Luft.

»Oh, nein!«, dachte er. »Doch nicht ich! Ich will reich werden! Aber nicht heiraten! Das ist nur eine Maske! Was mache ich nur? Die Wachen werden mich sofort köpfen, wenn sie das herausfinden!«

Große Geschäftigkeit war in der Halle ausgebrochen, alle verließen den Raum und plötzlich war er allein mit der Prinzessin und ihrem Vater.

Der Schreck saß tief und er konnte sich kaum bewegen, – was die Prinzessin als Bescheidenheit und Würde auslegte.

»Nun, junger Mann«, sagte der Kaiser. »Du bist es, den meine Tochter gewählt hat. Was sagst du dazu?«

Die Gedanken rasten in seinem Kopf, ein Plan! Er brauchte einen Plan! Schnell!

»Sire«, hörte er sich sagen. »Niemals hätte ich geglaubt, auch nur in die engere Auswahl zu kommen! Geschweige denn, erwählt zu werden! Ich ... ich bin nicht darauf vorbereitet ... und es ist doch eine äußerst verantwortungsvolle Aufgabe, ein Kaiserreich zu regieren und eine Prinzessin zu heiraten ... ich glaube ... ich muss darüber nachdenken.«

Die Prinzessin starrte ihn intensiv an. Der Räuber fing unter der Maske zu schwitzen an. Was, wenn sie ihm herunterrutschte? Er wagte es nicht, seine Hand zu heben und sie zu berühren. Hatte sie was gemerkt? Warum starrte sie ihn so intensiv an?

Die Prinzessin öffnete den Mund und sagte:

»Oh, ich bin so beeindruckt von dir! Jeder andere Mann hätte sofort die Gelegenheit ergriffen ... aber du ... du bist so rechtschaffen! Ich gebe dir zwölf Monate. Ich werde auf dich warten! Wenn die Zeit um ist, komm wieder, dann sage mir wie du dich entschieden hast.“

‚Uff‘, dachte der Dieb. Das ging ja gerade nochmal gut! Und so wurde er mit vielen Glückwünschen und Dankeschöns zum Palasttor gebracht. Seine Gedanken waren nur noch auf Flucht ausgerichtet: Norden, Süden, Westen, Osten ... egal! Nur weg von hier!

Aber wieder hatte er keine Chance.

Als sich das Tor öffnete, erwartete ihn eine gewaltige Menschenmenge, die ihm zujubelte, ihn auf die Schultern nahm – er war berühmt! Er war nun der hübscheste und nobelste Mann im ganzen Königreich und jeder schaute zu ihm auf, beobachtete ihn und wollte in seiner Nähe sein. Sein ganzes Leben hatte sich mit einem Schlag verändert.

Ab diesem Moment musste er äußerst sorgfältig darauf achten, dass nicht das kleinste böse oder auch nur harsche Wort aus seinem Mund kam. Er musste sich ständig beherrschen, damit er nicht die geringste, niederträchtige Tat beging, denn sonst würde alles auffliegen und er wäre ein toter Mann. Er musste sich jede Sekunde in seinem Leben konzentrieren.

Und was das Schlimmste war: Er musste plötzlich freundlich und höflich handeln, großzügig sein und Würde zeigen – und er hatte überhaupt keine Übung darin! Aber langsam kam er in die Sache hinein und insgeheim war er schockiert, wie leicht die Leute zu täuschen waren. Sogar die Prinzessin! Ja, die Prinzessin war besonders vertrauensvoll.

Tagtäglich schaute er durch die Augenlöcher seiner Maske und begann etwas zu sehen, was er nie zuvor gesehen hatte.

Gesichter voller Liebe statt voller Angst. Gesichter, die ihn anlachten, die ihm mit Freundlichkeit begegneten, ihm Ehre und Respekt erwiesen ... es war erstaunlich. Und mit der Zeit begann er sich darüber zu freuen. Es ließ ihn sich gut fühlen. Und als ihn wieder mal jemand um Rat fragte, warf er ihm nicht einfach eine Bemerkung hin, sondern hielt für ein oder zwei Sekunden inne und dachte ernsthaft darüber nach, wie er helfen könnte.

Oh, das fühlte sich so gut an! Und weil es so war, tat er es immer öfter ... er begann dieses neue Leben zu mögen. Er machte seine Sache gut und doch – während all der Zeit hinter dieser Maske vergaß er nie, wer er wirklich war. Und so blieb er vorsichtig.

Schließlich waren die zwölf Monate um. Es war Zeit, zum Palast zurückzukehren. Unwillkürlich dachte er über Wege nach, sich mit Lügen und Tricks aus der Sache zu winden, aber sein Geist war es nicht mehr gewohnt, in dieser Art zu denken. Alles, was ihm in den Kopf kam, war, in den Palast zu gehen und der Prinzessin die Wahrheit zu sagen.

So machte er sich auf den Weg, wurde willkommen geheißen, bejubelt – und schließlich zur Prinzessin eskortiert.

Sie sah ihn an. Wartete auf seine Antwort. Er fiel auf seine Knie.

»Oh, Prinzessin«, sagte er. »Ich habe dich arglistig hintergangen, Ich bin nicht der, von dem du glaubst, dass ich es bin. Dieses Gesicht ist eine Maske, ich habe sie machen lassen, um dich zu täuschen! Ich bin ein Räuber, ein Betrüger! Ich wollte nur in den Palast kommen, um euer Gold zu stehlen! Also du siehst, Prinzessin, du kannst die Menschen nicht nach ihrem Aussehen beurteilen.«

Schweigend starrte sie ihn an. Lange. Dann sagte sie.

»Würdest du die Maske abnehmen, so dass ich sehen kann, wer du wirklich bist? Danach kannst du gehen. Du bist frei.«

Mit zitternden Händen packte er die Maske und zog sie mit einer einzigen Bewegung herunter. Stumm sah er in ihr Gesicht. Die Prinzessin sog hörbar die Luft ein – und er senkte den Kopf. Da hörte er ihre Stimme:

»Sag mir«, fragte sie. »Warum hast du eine Maske getragen, die genauso aussieht wie dein eigenes Gesicht?«

Er stutzte, wovon redete sie? Er drehte sich um und suchte einen Spiegel. Und da sah er es: Es war wahr. Sein Gesicht ... es war so schön wie das der Maske. Ein ganzes Jahr lang hatte er sich bemüht, diesem Gesicht mit seinem Verhalten, seinem

Handeln und seinem Denken gerecht zu werden. Nun spiegelte sich diese Geisteshaltung in seinem Antlitz wieder.

Sein Gesicht und sein Herz waren rein geworden und so wurde der ehemalige Räuber einer der edelsten und großartigsten Herrscher, die das Land je gesehen hatte.

(HeyB)

Ich fand diese Geschichte in einem kleinen Ashram, in einem winzigen verstaubten Buch. Sie war von irgendjemandem aus dem Sanskrit ins Englische übersetzt worden und sie birgt mehr Weisheit, als es im ersten Moment erscheinen mag.

Dankbarkeit und Zufriedenheit

» ... das sind die Gegengifte für alle negativen Gefühle. Lerne, für alles dankbar zu sein, auch für deine Krisen. Du glaubst gar nicht, wie schnell sich deine Wahrnehmung von Mangel auf Fülle ändert. Und dann erwächst in dir ein tiefes Gefühl von Zufriedenheit. Ich meine nicht die pharisäische Selbstzufriedenheit darüber, dass es anderen viel schlechter geht als dir, sondern eine dankbare Wertschätzung des Lebens. Und, wenn du aus diesem Gefühl der Fülle heraus handelst, kann nur Fülle entstehen, eine Fülle, die du dir selbst schaffst. Das ist der Pool, aus dem du schöpfen solltest. Nicht Mangel und ›mir fehlt dies und mir fehlt das.‹«

»Aber ... Zufriedenheit tötet jedes Vorankommen«, hielt ich ihm entgegen.

»Nein, Zufriedenheit ist der Nährboden für jedes Vorankommen. Und das heißt nicht, dass man im Leben nichts erreichen kann. Erfolg, der aus Zufriedenheit kommt, ist viel stressfreier als Erfolg, der aus Mangel geboren wird. Es geht darum, aus jedem Moment das Vollkommene, das Perfekte zu extrahieren. Mit den Augen eines Heiligen zu sehen.«

(TiO)

Dankbarkeit, und wenn es nur für das Kleinste ist, ist die erste Sprosse heraus aus dem Dunkel.
(TiO)

Wenn du nicht dankbar sein kannst, spürst du auch keine Zufriedenheit. Und wenn du die nicht spürst, ist dir nichts genug. Du agierst immer aus Mangel. Du willst immer nur mehr. Du siehst immer nur, was du nicht hast. So bekommst du mit der Zeit das Gefühl, dass das Leben dir die wichtigsten Dinge verweigert, und siehst nicht, dass du sie schon längst hast. Und das Fatalste daran ist, dass dir all das den Spaß am Leben nimmt, die Intensität, die Freude, die Liebe, vor allem auch die Lockerheit, den Spaß. Du nimmst alles bierernst. Es geht nur noch ums Gewinnen oder Verlieren. Und selbst, wenn du gewinnst, befriedigt dich das nicht, weil Undankbarkeit und Unzufriedenheit zu deiner zweiten Natur geworden sind.
(HeyB)

Ego

Das Ego ist schizophren und tut alles, um seine Macht zu erhalten. Es sagt dir einerseits, dass du etwas Besonderes sein sollst und bist, damit du dauernd irgendwelchen Phantomen nachjagst, und andererseits macht es dich klein und erklärt dir, dass du nie besonders genug sein wirst, um es zufrieden zu stellen. Das Ego ist *nie* zufrieden. Wenn du das eine erreicht hast, will es das Nächste. Es ist wie ein unrechtmäßig an die Macht gekommenes Regime, das die Menschen quält, indem es mit Angst arbeitet. Es suggeriert dir ständig, dass es von allem immer zu wenig gibt.

Was passiert mit einem solchen Regime und wie verhält es sich? Es arbeitet mit Druck, Angst und Mangel, statt aus der Fülle. Wenn aber die Menschen nicht mehr bereit sind, ihm zu folgen, dann macht es erst recht Druck, was bedeutet: Es droht dir. Oder es schmeichelt dir. Schau dir doch an, was das Ego dir weismachen will. Wie es dir droht, wie schrecklich dein Leben wird, wenn du dies und das nicht erreichst, wenn du dies und das nicht schaffst ... oder wie toll alles wird, wenn es so wäre. Wenn du wirklich daran interessiert bist, dein Herz wieder als König einzusetzen statt den Kopf, besteht der erste Schritt darin, weder den Drohungen noch den Schmeicheleien zu glauben, also dich auch von den Annehmlichkeiten zu lösen, die dir das Ego verspricht. Daran zu glauben, dass das Leben mehr zu bieten hat als Lob und Tadel.

(TiO)

Was wir brauchen, sind Menschen, die ihr Ego nicht an erste Stelle stellen, die Werte leben, statt jedem Vergnügen, Erfolg und Rummel hinterherzurennen.

Früher oder später suchen wir diese Menschen.

Sie wirken auf stille Weise positiv auf uns.

(TiO)

Solange du *haben* willst, wirst du nie frei sein. Das ist die Kerbe, in die das Ego einhakt.

(TiO)

Sein Glück von äußeren Dingen abhängig zu machen ist wie schlechte Ernährung. Auch wenn du über Jahre keine Beschwerden hattest - irgendwann fordert sie ihren Tribut. Wie Zucker. Schmeckt gut, aber verwandelt sich mit der Zeit in Gift in deinem Körper.

(TiO)

In der Bhagavadgita sagt Krishna zu Arjuna: »Erfülle deine Pflicht, aber erwarte keine Belohnung dafür.«

Du hast Wünsche, weil du glaubst, ihre Erfüllung sei die Lösung deiner Probleme. Du könntest aber auch Wünsche haben, einfach so, aus Spaß an ihrer Erfüllung.
(TiO)

Frei von allem Verlangen zu sein, heißt nicht, dass du Ziele nicht erreichen sollst oder kannst, heißt nicht, dass deine Wünsche nicht erfüllt werden oder du keine haben darfst, sondern nur, dass deine Freude und dein Glück unabhängig davon existieren.
(TiO)

Wenn du frei von Verlangen wärst, frei von deinen Wünschen ... könntest du dann nicht auch den Weg zu deinem Ziel, deinem Vorhaben mehr genießen? Stell dir vor, du würdest einfach dein Bestes geben, wärst aber völlig unabhängig von Lob und Anerkennung. Du bist frei von jedem Druck – du würdest die Dinge tun, weil sie dir Freude machen

und aus keinem Grund sonst. Mit welcher Energie wäre dein Projekt dann aufgeladen? In Freude leben kann man aber nur, wenn man sich innerlich von den Dingen gelöst hat. Sonst bist du immer abhängig von Erfolg und dem, was deiner Meinung nach passieren soll.
(TiO)

Dein Ego besteht aus Wünschen und Sehnsüchten. Der Tropfen, der kommt und geht. Aber du könntest ein mächtiger Ozean sein, wenn du dich ins Meer fallen lassen würdest.
(TiO)

Das Ego verlässt dich nicht. Es wandelt sich nur. Es erkennt seine Quelle, das ist alles.
(HF)

Das Ego hat stets Vorstellungen, die dich weiterhetzen. Betrachte das Ego wie deine Gedanken. Die wirst du ja auch nicht los. Aber du kannst frei von ihnen werden. Ein Gedanke kommt – und geht. Das Ego macht sich bemerkbar – und du musst nicht darauf eingehen. Lass es fließen. Das Leben ist *Nirantara* - constant unbroken flow. *Nirantara*. Ein steter, ununterbrochener Fluss. Spring rein! Gott trägt dich! Wie das Wasser dich trägt ...

Du bist und erschaffst doch dein eigenes Universum! Gott ist nichts im Außen. Er sitzt in dir. Wenn Menschen sich von Gott nicht angezogen fühlen, dann lehnen sie sich nur selbst ab – und fühlen sie sich von Gott getrennt. Das ist der größte kosmische Witz aller Zeiten! Und der älteste! Dummerweise auch der hartnäckigste. Die Menschen sind permanent damit beschäftigt, sich von sich selbst zu trennen! Dein Herz – oder dein höheres Selbst – hat die gleiche Beziehung zu dir wie Strom zu elektrischen Geräten. Nun stell dir vor: Der Mixer, der nur durch Strom betrieben werden kann, sagt über den Strom: ›Wer bist du schon! Ich habe dich noch nie gesehen! Du hast dich mir noch nie gezeigt! Ich glaube nicht an dich! Dich gibt es doch gar nicht! Ich kann das alleine! Ich will mit dir nichts zu tun haben! Und brauchen tu ich dich schon gar nicht! Und noch besser: Du funkst mir dauernd in mein Leben! Du bestrafst mich!‹

Es ist lächerlich. Der Mensch negiert seine Quelle, weil das Ego Angst hat, seine Macht zu verlieren. Und so entsteht auch Angst: Weil wir uns getrennt statt verbunden fühlen. Aber denk dran: Das ist nur ein falscher Gedanke. Einer, den du aufgeben kannst. In dieser Sekunde.

Der Mensch hat vollkommen vergessen, was ihn lebendig macht ... hat die Verbindung zu seinem Inneren gekappt und identifiziert sich mit seinem Körper, seinen Gefühlen und mit der Außenwelt. Das gute alte Ego, das Gott spielt! Der Mixer, der sagt, ich kann alles alleine, der doch letztlich ein Produkt dieser Energie ist und nur durch diese Energie existieren kann, der aber die Meinung vertritt, er sei als Individuum allmächtig. Und schlussendlich furchtbare Angst hat, du könntest herausfinden, dass das nicht stimmt. Und so beschäftigt dich das Ego mit allen möglichen negativen Gefühlen, damit du kräftig abgelenkt bist ... und klagt dich obendrein noch dafür an, dass du negativ denkst. Es sagt: „Du solltest sie nicht haben, diese Gefühle und Gedanken, das ist schlecht ...!“, verstehst du? Du bist nichts wert ... Du bist nicht gut genug ... alles Ego! Leiden ist Ego.

(HF)

Was ist das Ego?

Das Ego ist nur eine falsche Vorstellung von dir. Es ist ein Gedanke, nichts weiter und von einem Gedanken kann man sich freimachen.
(HF)

Das ist der Zustand des Egos: Unzufriedenheit mit allem, was ist.
Und Gott ist: Zufriedenheit, Erfülltheit mit allem, was ist. Gott ist dein Leben, so wie es jetzt ist. Gott ist das, was du Wirklichkeit nennst. Und du kämpfst dauernd dagegen an. Solange du gegen die Wirklichkeit kämpfst, fühlst du Stress.
(HF)

Du bist nur unglücklich, weil es nicht so läuft, wie dein Ego es dir vorschreibt. Das Selbst ist parteilos, es ist ohne jede Wertung, es ist nicht verurteilend. Nur das Ego urteilt. Es hält sich am Leben durch Schuldgefühle und die ›Was wäre, wenn‹- und ›du hättest und solltest‹ - Qual. Es ist hoffnungslos, sich die Wirklichkeit anders zu wünschen. Wenn du damit streitest, stehst du automatisch auf der Verliererseite.

HF)

Deinem Ego wirst du nie gut genug sein. Nie. Es wird immer mehr von dir wollen, als das, was du hast. Und wenn du dich nicht endlich davon löst, wenn du dir nicht endlich sagst, dass du perfekt bist, genauso, wie du jetzt bist, hört dieses Gekreische, dieser Kreislauf nie auf. Verstehst du das?

(TIO)

Das einzig wahre und echte Glück ist dein Herz. Dein Inneres. Die Energie, die alles erschafft. Die erste Täuschung, der fast jeder Mensch unterliegt, ist der Glaube an zwei oder mehrere Kräfte. Es gibt nur eine.

Diese Energie in dir hat keine Meinung über die Dinge und sie verurteilt nichts. Sie verurteilt auch dich nicht. Wie sollte sie!? Das macht alles das Ego. Es türmt schlechte Gefühle zu einem Berg auf, indem es sagt: Du solltest aber nicht ... du hast schon wieder ... wie kannst du bloß ...!

Und diese Energie in dir hat zum Universum, zu deinem Leben, zu dir, dieselbe Beziehung wie Strom zu elektrischen Geräten. Ohne sie steht alles still. Ohne sie gibt es keine Vielfalt. Ohne sie kein Leben und keine Aktion.

Diese Quelle zu spüren, aus ihr zu leben. Das ist das Ziel.

(HF)

Wenn du endlich wieder anfängst, dich um deine Quelle zu kümmern, wenn du endlich deinen eigenen Wert erkennst, wenn du wissen willst, wer du eigentlich bist, dann inflationierst du damit nicht dein Ego, nein, du zeigst endlich deine Wertschätzung für dich, für dein wahres Ich. Dieses Gefühl der Fülle ist endlos.

(HF)

Woher kommt die Intention für dein Tun?

Aus dem Ego, das dich hetzt oder dem Selbst, das dich liebt?

(HF)

Ich liebe Dich (aus Herzschlagfinale)

Ich bin dein Selbst ...

und dein Selbst, dein Gott, dein Herz bestraft dich nie. Nie würde es das tun. Das sind alles Tricks deines Egos, damit du weiter Angst hast, damit du auf das Ego hörst und nicht auf die liebevolle Stimme in deinem Inneren, die dir ständig und ohne Unterbrechung zuflüstert: Ich liebe dich. Ich liebe dich, egal, was du tust, egal, welche Rolle du spielst, egal, wer du bist, was du erreichst oder was du dir wünschst, welche Gedanken du hast und welche Gefühle. Ich liebe dich, denn ich bin du - ich bin in dich verliebt, in dich, weil du meine Schöpfung bist! Und alles, was du willst, will ich auch. Weil ich dich liebe. Ich lasse dich all diese Wege und Umwege gehen ... wenn du meinst, dir sagen zu müssen, dass du schlecht bist, dass du nicht gut genug bist, wenn du woanders suchst ... alle diese Wege gehe ich mit dir, alles mache ich mit - egal, wie viel Leid sie bedeuten, egal, welche Erlebnisse du auf deinen Wegen hast ... ich werde dich nie verlassen - wie könnte ich? Ich *bin* du. Ich habe dich erschaffen, du hast mich erschaffen, wir sind eins. Wir sind untrennbar. Ich wünsche mir nur eines: Dass du begreifst, dass du schon alles hast, wonach du suchst. Du musst mich nur anschauen, mich nur wahrnehmen – und du hast alles erreicht. Glück, Freude, Liebe, alles, was du dir wünschst, hast du in dir. Hier bin ich und warte bis in alle Ewigkeit, dass du mich wahrnimmst. Bis du endlich nicht mehr auf die Stimme, diesen entfremdeten Gedanken in dir hörst, der dir sagt, du seist nicht gut genug, der dir sagt, es gibt mich nicht. Wenn es dich gibt, gibt es auch mich. Weder kannst du dich von mir trennen noch ich mich von dir. Und wenn du nach innen schaust, dann wirst du mich sehen. Du wirst mich erkennen - und damit erkennst du dich.

Darauf warte ich. Und ich warte gern, ich warte voller Liebe, voller Geduld, bis du soweit bist, denn ich habe alle Zeit der Welt und ich gebe dir alle Zeit der Welt.

Und weißt du, warum?

Weil ich dich unendlich liebe.

(HF)

Entsagung?

Entsagung heißt: Sich von schlechten Gewohnheiten trennen. Vor allem von dem Gedanken, dass wir von Gott getrennt sind, denn dieser Gedanke verursacht Leid, falsches Urteilsvermögen, falsche Zielsetzung und alles, was dich mies fühlen lässt.

(TiO)

Wenn du an den Dingen hängst oder Dinge tust, um ein Mangelgefühl zu kompensieren, hilft dir das nicht weiter. Wenn du sie tust, weil du Freude dran hast und sie genießt, ist alles gut.

(TiO)

Keine Beziehung der Welt kann dich zu deinem eigenen Frieden führen. Das kannst nur du für dich tun. Freude kannst du niemals außerhalb von dir empfinden.

(TiO)

Muss man auf materielle Annehmlichkeiten verzichten?

Dieses berühmte »Verzichten« wird oft falsch aufgefasst und missverstanden. Zum einen ist damit gemeint, die Sinne im Griff zu haben. Spirituell oder yogisch bedeutet Askese: Auf alles verzichten, was nicht Gott ist. Aber Gott ist die Welt. Er drückt sich durch sie aus. Durch ihre Schönheit, die Natur. Warum die Welt verleugnen? Verzichten solltest du auf negative Gedanken, Selbstzweifel, Hass, Groll, Neid, Mangelgefühl ... das ist der wahre Verzicht. Du musst nicht weltliche Freuden verdammen, wozu denn? Aber das andere Extrem, alles mitzunehmen, was geht, ohne Sinn und Verstand, und das Glück nur in Äußerlichkeiten zu suchen, das ist es auch nicht ... kannst du das ein bisschen verstehen?

(TiO)

Selbstwert/Minderwertigkeit

Du darfst dich nicht kleinmachen, indem du deine Fehler auflistest. Du sollst dich nicht mit Schuld belasten – identifiziere dich bloß nicht mit diesen blöden Vorstellungen deines Geistes! Willst du dir freiwillig einen Misthaufen ins Zimmer setzen? Du solltest dir immer und immer bewusst machen, dass Gott in dir lebt. Das Höchste. Dass du wertvoll bist. Dass Gott dich liebt. Immer, wenn du in Selbstzweifeln und Minderwertigkeitsgefühlen gefangen bist, hast du das vergessen ... willst du das wirklich so niedermachen? Selbst dieses Licht? Das kannst du sowieso nicht. Es wird ewig scheinen – für dich – bis du es wahrnimmst und mit ihm verschmilzt.

Daran solltest du denken, immer und immerzu. Es ist nur eine Sekunde ... eine Sekunde, die dir deine wahre Würde zurückgibt.

(TiO)

Wenn du dich schlecht fühlst, richtig schlecht, nicht mehr an dich glaubst, meinst, du lägst am Boden, entdeckst du die Sehnsucht nach etwas Höherem. Sie mag sich dadurch ausdrücken, dass du dich einfach nur gut fühlen willst und du denkst, dass du dieses oder jenes brauchst, damit das so ist.

Aber je mehr du nachdenkst, je tiefer du gehst, desto schneller merkst du, dass es nichts Materielles gibt, dass dir diese Sehnsucht nimmt. Dann findest du deinen Weg zu deinem Inneren, zu deiner Seele. Du beginnst ihn zu gehen und lässt immer mehr Muster, die dich gebunden haben, los. Eines nach dem anderen. Vielleicht wirst du ungeduldig, weil du gerne alles auf einmal loswerden willst, aber das könntest du gar nicht verkraften – du würdest wahnsinnig werden. Die Energie, die Kraft in dir, weiß genau, was du brauchst, was jetzt gut ist. Diesem Prozess musst du vertrauen und auf deinem Weg bleiben, der Sehnsucht weiter folgen. Sie ist dein Wegweiser. Sie ist dein Navigationssystem. Sie führt dich ins Glück, zum wahren Glück.

(LC)

Der wichtigste Ehepartner im Leben ist deine innere Stimme, dein Selbst. Jede Ehe ist eine Metapher für diese innere Ehe. Kannst du dein eigener bester Freund sein?

(Seele)

Kein Gesetz der Welt kann dich emanzipieren. Das kannst immer nur du selbst tun.

(Seele)

Wenn die Alten und Weisen sagen: Sei du selbst, dann meinen sie nicht deine momentane Erscheinung, sondern dein höheres Selbst, dein göttliches Selbst. Das ist es, was du finden solltest.

(Seele)

Wünsche

»Der Weg hin zur Wunscherfüllung ist oft schöner als die Erfüllung selbst. Wäre dieser Weg nicht schon Glück genug? Wünsche binden dich an dieses Leben hier ... ob sie nun in Erfüllung gehen oder nicht, denn kriegen die Menschen nicht das, was sie wollen, werden sie wütend. Aus unerfülltem Verlangen entsteht Zorn und Wut und Hass. Damit machen sie nicht nur sich selbst, sondern auch ihre Umgebung unglücklich.

Wünsche binden. Sie binden dich ans Auf und Ab deiner Gefühlswelt. Wenn du aber einfach deine Aufgaben tun kannst, unabhängig von Lob und Tadel, Freude und Schmerz, dann bist du frei.«

»Sich nicht an Schmerz zu binden klingt logisch. Aber auch nicht an Freude?«

»Die Betonung liegt auf dem Wort ›binden‹. Denn hat dich etwas Äußeres glücklich gemacht, willst du dieses Glücksgefühl wiederhaben und es muss erneut etwas im Außen passieren, damit du dich freust ... verstehst du? Deswegen sagen viele Heilige, dass es nicht gut ist, sich daran zu ketten – weder an Freude noch an Schmerz. Die Menschen tun aber beides. Wie viele können ihre Dramen nicht loslassen? Wie viele rennen Erfolg hinterher? Alles nur für ein bisschen Liebe und Anerkennung. Damit ihr kleines Ego ihnen sagt: Jetzt bist du was wert. Ein Atemzug an Glück im Universum! Und über all dem vergessen sie, dass in ihrem Inneren etwas ist, das unvorstellbar größer und schöner ist. Nur wenn du das in dir findest, bist du dauerhaft glücklich. Dann bist du in *jeder* Lebenssituation glücklich, unabhängig davon, ob du gerade in Schwierigkeiten steckst oder einen Millionendeal abgeschlossen hast. Das berührt dich gar nicht, weil du in dir drin eine ewige Quelle der Freude gefunden hast, die dich nährt, die dein Zuhause ist, die immer für dich da ist und die so viel größer ist als jede weltliche Freude.

(...)

Du hast keine Ahnung, welche Kaskaden an Freude, Glück und Liebe sich da noch in dir verbergen! Wenn du das einmal auch nur ansatzweise erlebt hast, dann kommt dir diese äußere Welt mit ihren Verlockungen fad und öde vor und du lachst über deine kleinen Wünsche. Du lachst über deine Sorgen, ich schwöre dir, du lachst dich schief über diese Welt!

(TiO)

Versteh, dass gegen deine Wünsche nichts einzuwenden ist. Gar nichts. Nur, wenn nicht das rauskommt, was dein Kopf sich so gedacht hat, da fängt doch das Gezeter an. Dann kommt dein Ego und macht dich fertig. Du warst nicht gut genug! Du bist am Jackpot vorbeigeschrammt! Du hättest es besser machen sollen! Du hast keinen Erfolg! Das sind die Gedanken, die du infrage stellen solltest. Deine Gedanken, aber nicht *dich*! Deswegen meditieren wir. Weil wir diese Gedanken ganz bewusst sehen wollen. Denn das, was wir vom Außen wahrnehmen, ist doch nur eine Projektion dieser Gedanken. Und das Verständnis, das wir von dieser Projektion haben, kommt aus unserer Erinnerung.
(HF)

Es ist in unserer Welt etwas Besonderes, nichts Besonderes sein zu wollen. Das ist das wahrhaft Edle.
(TIO)

Glück

Wenn du Glück spürst im Herzen ... dann geh tiefer ... denn da ist noch viel, viel mehr ... und wenn du Freude fühlst, dann geh in diese Freude, tiefer und tiefer – und wenn du Liebe fühlst, dann versinke darin, lass sie sich ausdehnen. Da ist noch viel mehr Liebe, noch viel mehr Friede, noch viel mehr Freude in dir, als du dir vorstellen kannst.

(TiO)

Kannst du an deine eigene Großartigkeit glauben? Daran glauben, dass Gott sich was dabei gedacht hat, als er dich erschaffen hat? Dass er Großes mit dir vorhat - Großes in dem Sinne, dass er dich zu *deinem* Glück führen will?

Denn es gibt Milliarden Arten von Glück und doch gibt es nur eines.

(HF)

„Was tu ich, wenn das, was ich zu meinem Glück brauche, nicht da ist?“

„Dann brauchst du es nicht, um glücklich zu sein.“

„Es ist doch so, dass ich unglücklich bin, *weil* ich nicht habe, was ich brauche!“

„Nein, du bist unglücklich, weil du meinst, etwas zu brauchen, was du nicht hast.“

(HF)

Die Leute glauben, dass ihr Herz nach etwas ruft ... einer Person, einem Ziel .... Aber dein Herz ist glücklich. Jetzt schon. Es braucht gar nichts.

(HF)

Wenn du etwas brauchst, wirklich brauchst, dann kommt es zu dir. Alles, was du brauchtest, ist zu dir gekommen, Negatives wie Positives. Du musst das nur erkennen, statt es zu verdammen.

(HF).

»Ich spüre immer dieses Große in mir ... etwas, das mich weitertreibt, beruflich wie privat, etwas, das mich nicht aufhören lässt ...«

»Vielleicht ist dieses Große etwas völlig anderes, als du meinst. Vielleicht missverstehst du die Sehnsucht und verwechselst sie mit etwas im Außen. Vielleicht es deine innere Größe, nach der du dich sehnst.«

(Abst.2)

Zitate

You are born of love, you live in love
and you merge into love.
You are born of joy, you live in joy
And you merge into joy.

Aus den Upanishaden

Tritt aus dem Kreislauf der Zeit
In den Kreislauf der Liebe.
Rumi

»Du musst dich selbst befreien,
...es gibt keinen anderen Weg.
Du bist dein eigener Freund.
Du bist dein eigener Feind«.
Yoga Vasishta

✯✯✯

»Remember always, that you are here for no other reason than to be a saint. Thus, let nothing reign in your soul, that does not lead to sanctity.«

St. John from the Cross

„Denke stets daran, dass du aus keinem anderen Grund hier bist, als den, ein Heiliger zu werden. Daher - lass nichts in deiner Seele regieren, das nicht zu dieser Heiligkeit führt.“

Der Schwertkämpfer

Die Geschichte vom Schwertkämpfer aus »Life Chat«. Zur Erklärung: Marie hat einen schweren Schicksalsschlag hinter sich – und ihr Gesprächspartner versucht, ihr mit einer Geschichte zu helfen.

Ein kleiner Leseausschnitt:

»Isamu war ein junger Mann, vollkommen unbegabt im Schwertkampf. Dass er so wenig begabt war, war schrecklich für ihn, weil sein Vater einer der berühmtesten Schwertkämpfer im Land war, weil er ihn liebte und ihn stolz machen wollte. Aber er konnte es drehen und wenden wie er wollte: Er hatte zwei linke Hände, was diese Kunst anging und alle machten sich lustig über ihn. Völlig verzweifelt beschloss Isamu daraufhin, Ayato aufzusuchen, den berühmtesten Schwertkampf-Meister jener Zeit und ihn zu bitten, ihn zu unterrichten. Als er dort ankam, schilderte er seine Situation, aber Ayato teilte die Meinung aller und sagte zu dem Jungen:

»Es hat keinen Sinn. Du bist nicht begabt. Du hast nicht das geringste Talent dafür.«

Aber Isamu ließ sich nicht entmutigen.

»Wenn ich mich anstrenge, wie viele Jahre werde ich brauchen, um Meister zu werden?«, fragte er.

»Den Rest deines Lebens«, antwortete Ayato.

»Das ist zu lange«, entgegnete Isamu. »Ich bin bereit, alles auf mich zu nehmen – ich tue alles, was du sagst. Wenn ich demütig bin und dein Diener werde ... wie lange werde ich brauchen?«

Es heißt, kein Meister darf einen Schüler fortschicken, der ernsthaft lernen will. Und Ayato erkannte, dass es Isamu sehr, sehr ernst war. Also ließ er sich erweichen.

»Vielleicht zehn Jahre«, sagte er schließlich.

»Das ist zu lange«, erwiderte der Junge. »Mein Vater ist alt und er soll noch erleben, dass ich seiner würdig bin. Wenn ich mich wirklich sehr hart anstrenge, wie lange wird es dann dauern?«

»Vielleicht dreißig Jahre«, antwortete der Meister.

»Ich verstehe nicht«, sagte der Junge. »Erst sagtet Ihr, zehn Jahre und nun dreißig. Ich versichere Euch, ich werde mich über alle Maßen anstrengen ... wie lange werde ich also brauchen, um die Kunst des Schwertkampfes in möglichst kurzer Zeit zu erlernen?«

»Tja«, meinte der Meister. »Ich denke, wenn das so ist, wirst du siebzig Jahre bei mir lernen müssen. Jemand, der mit so viel Ungeduld zu einem Ergebnis gelangen will, lernt sehr langsam.«

Isamu senkte den Kopf. »Entschuldigt diese Ungeduld, Meister«, sagte er. »Ich werde tun, was Ihr sagt ... wenn Ihr mich nur aufnehmt ... und ich bleibe, so lange Ihr es anordnet.«

Ayato erklärte dem Jungen, dass er niemals über den Schwertkampf sprechen dürfe – und er durfte auch kein Schwert berühren. Er hieß Isamu die Mahlzeiten zubereiten, das Geschirr spülen, er musste sich um den Garten kümmern und das Vieh hüten, das Haus sauber halten und abends die Laternen anzünden.

So vergingen drei Jahre und Ayato hatte kein einziges Mal über die Kunst des Schwertkampfes mit ihm gesprochen. Isamu war verzweifelt und er sorgte sich, dass er diese Fähigkeit niemals erlernen würde. Doch eines Tages schlich sich sein Meister von hinten an ihn heran und versetzte ihm mit einem Holzschwert einen schmerzhaften Schlag. Am nächsten Tag, als Isamu gerade Reis kochte, sprang er erneut auf ihn zu und schlug ihn.

Ab diesem Tag musste sich der Junge Tag und Nacht gegen diese unvorhergesehenen Angriffe verteidigen. Er wusste nie, aus welcher Richtung der Meister ihn angreifen und auch nicht, wann und wo ihn der nächste Schlag treffen würde. Es verging kein Augenblick, an dem er nicht an das Schwert seines Meisters dachte. Er lernte, wachsam zu sein. Er lernte, jede Sekunde einen Angriff abwehren zu müssen, seine Sinne und seine Sensibilität schulten sich so schnell, dass er nach ein paar Jahren der beste Schwertkämpfer im ganzen Land wurde.«

Marie wartete noch auf etwas, aber Heaven schwieg und so sagte sie schließlich zögernd:

»Ähm ... das war die Geschichte?«

»Das war die Geschichte.«

»Okay ... bin ich jetzt besonders doof, weil ich nix verstehe?«

Er lachte leicht.

»Nein, gar nicht. Aber die Geschichte hat in erster Linie etwas mit deiner Situation zu tun. Oder generell mit deiner Lebenseinstellung ... denn jeder von uns findet sein Kampftraining in seinem eigenen Leben. Und das Schwert des Samurais kann in jeder Situation und vollkommen unerwartet zuschlagen – in Form von Herausforderungen aller Art. Das hast du ja in der krassesten Form erlebt. Und jede Herausforderung, egal wie sie im ersten Moment aussehen mag, ist für uns wie die Bedrohung durch das Schwert des Meisters. Sie fordert uns auf, unter Einsatz all unserer Fähigkeiten und Begabungen unsere Pflicht zu erfüllen. Aus dieser Sicht werden diese schwierigen Lebenssituationen zu einer Aufgabe und nicht zu etwas Irritierendem. Wir erfahren sie als Hilfen, sie sind so etwas wie ein Heimtrainer. Das mag sich jetzt makaber anhören, aber vielleicht gibst du dieser Ansicht einfach mal eine Chance. Und angenommen – und jetzt komme ich zu diesem Glück, von dem ich anfangs sprach – angenommen, du hättest in dir eine nicht versiegende Quelle von Glück gefunden, eine, die tatsächlich unabhängig von allem anderen wäre, nur mal angenommen, es gäbe sie – dann hättest du einen Anker gehabt. Du hättest das Gleichgewicht nicht verloren.

Wir alle sind Krieger auf unserem Weg zum Glück ... und genauso wie Isamu gelernt hat, jeden Schwerthieb zu parieren, kannst du lernen, mit jeder Situation fertig zu werden, verstehst du?

(...)

Wir alle müssen sozusagen spirituelle Krieger werden – und unser Feind ist meistens unser Geist, unsere Negativität, unsere Trägheit, Angst, Gedanken wie: Ich bin zu alt, zu schwach, zu klein, zu dumm, es ist zu schwer, es ist zu viel ... Als erstes musst du bereit sein, ein Krieger zu sein und gegen diese Feinde kämpfen zu wollen. Aber: Der Geist des Kriegers wendet sich nach innen, es ist der Geist des Mutes ... du hast dir eine große Herausforderung ausgesucht, aber das heißt nur, dass Gott auch meint, dass du das packst.«

(LC)

Die Welt hilft dir, wenn du dir hilfst.

Wenn sich eine Tür schließt, öffnet sich eine neue.

Man sieht sie nur nicht gleich - und auf offene Türen zu schauen ist nicht banal – im Gegenteil, es ist harte Arbeit.

(LC)

Aus dem Kashmir Shaivismus:

»We always think that the world is a burden on our shoulders but we never stop to consider whether we might be burden on this earth. But the earth is not burdened by someone who finds the light.[1]

»Wir glauben immer, die Welt und das Leben ist eine Bürde auf unseren Schultern, aber wir halten nie inne, um darüber nachzudenken, ob möglicherweise wir eine Last für die Erde sein könnten. Aber die Erde ist nie belastet von jemanden, der sein Licht findet.«

»As long as you reject your life and the world, the world rejects you. If you embrace the world, the world embraces you and God sends grace.«[2]

»Solange du die Welt und dein Leben ablehnst, lehnt die Welt und das Leben dich ab. Wenn du die Welt umarmst, umarmt sie dich.«

Bist du frei?

Die Leute wollen Freiheit, sie sagen, sie wollen das tun können, was sie wollen, aber in Wirklichkeit sind sie die Sklaven ihrer Sinne. Deine Augen sehen etwas – und sie wollen es besitzen. Deine Zunge schmeckt etwas – und will es haben. Alkohol, Essen, Genüsse, schöne Dinge ... alles Mögliche! Kontrollierst du deine Sinne oder sie dich? Und damit nicht genug: Die Menschen geben auch ihren Gefühlen freien Lauf. Hass, Ärger, Groll, Neid ... kannst du dich davon freimachen?

(LC)

Selbstkontrolle ist Freiheit, so paradox das auch klingt. Kannst du deinen Geist so steuern, dass er denkt, was du willst? Dass du Herr deiner Sinne bist und nicht sie dich Dinge tun lassen, die du hinterher bereust?

(LC)

Dein Geist kann auch dein Freund sein. Er wäre es sicher gern. Aber dazu braucht er Disziplin. Sonst regiert dein Geist dich. Er ist wie ein kleines Kind, das erzogen werden will. Und du weißt, schlecht erzogene Kinder machen, was sie wollen – sie machen ihren Eltern ziemlich Stress. Man sollte in der Lage sein, mal still zu sitzen und die Gedanken zu beobachten, ohne sich in ihnen zu verfangen. Abstand zu ihnen gewinnen. Wahre Freiheit kannst du nur durch Disziplin erlangen.
(LC)

Glück und Trauer sind wie bei einer Kinderwippe mal das Oben mal das Unten. Kinder sehen das richtig – sie machen keinen Unterschied, ob sie gerade oben oder unten sind. Das Wippen macht Spaß. Aber entscheidend ist der Gelenkpunkt. Der ist ruhig und unbelastet. Da herrscht weder Oben noch Unten, sondern ständiges, seliges Gleichgewicht. Da musst du hin. Gleichmut: Gelassenheit. Heiterkeit. Das ist die Lösung.
(TiO)

Hilf mir!

Stell dir vor, du gehst eine lange, eisige, steile Winterstraße entlang. Es ist entsetzlich kalt und du fühlst dich, als ob du kurz vor dem Erfrieren wärst. Du läufst schon lange, du bist müde, du bist schwach, hast Hunger und du fühlst, wie dich die Kräfte langsam verlassen. Schließlich stolperst du und fällst hin. Eine Kutsche kommt vorbei, ein freundlicher Mensch sitzt darin, der dir aufhilft und dich ins nächste Gasthaus bringt. Dort setzt er dich vors Kaminfeuer, reibt dir die kalten Hände und Füße, bestellt dir Tee und etwas zu essen, lässt Decken bringen, die kuschelig warm sind. Er tut alles dafür, damit du deine Reise fortsetzen kannst.

Das hört sich ganz wunderbar an und jeder wäre dankbar für diese freundliche Hilfe.

Doch diese Hilfe hat eine Kehrseite. Falls du wieder mal in eine solche Situation geraten solltest, dann würdest du instinktiv erneut nach jemandem Ausschau halten, der dich rettet. Aber du kannst nicht darauf zählen, dass das immer passiert – es könnte eine einmalige Unterstützung gewesen sein.

Aber angenommen, dir stünde statt der gemütlichen Umgebung, den warmen Decken und dem Kaminfeuer eine andere Art von Hilfe zur Verfügung. Jemand, der den Weg kennt, der dich kennt, der weiß, wie du dich wirklich fühlst. Angenommen dieser Jemand sagt: »Hab Mut, du schaffst es, du bist fast schon da! Dein Ziel liegt direkt vor dir! Und du bist auf dem richtigen Weg!« Die Überzeugung in seiner Stimme, die Sicherheit, dass er weiß, wovon er spricht, aktivieren deine Kräfte, sie wirken wie eine Energiedusche.

Und wenn du dann tatsächlich ankommst, ist das eine grandiose Erfahrung. Denn diesmal ist es ein bleibendes Geschenk. Du hast nicht nur dein Ziel erreicht, du hast den Mut in dir entdeckt, der dich an dein Ziel gebracht hat und den Glauben an deine Fähigkeiten. Du hast *dich* entdeckt. Sollte dir in Zukunft Ähnliches widerfahren, weißt du, du schaffst es. Du kannst dich auf dich selbst verlassen. Du bist dir deiner innewohnenden Stärke bewusst.

(LC)

»Vertrauen bedeutet zu glauben, was du noch nicht siehst; der Lohn für dieses Vertrauen besteht darin, das zu sehen, woran du glaubst.«

(Augustinus)

Mut

Mut heißt, jede einzelne Situation als einen Segen anzunehmen, Mut heißt, den Anforderungen eines jeden Augenblickes in dem Bewusstsein nachzukommen, dass du ihnen gewachsen bist. Mut zu haben, bedeutet die feste Überzeugung, dass in dir eine Kraft wohnt, die dich alles schaffen lässt.
(LC)

Mut ist, zu wissen, dass, was immer in deinem Leben auf dich zukommt, nie stärker sein wird als du selbst. Du bist jeder Situation gewachsen. Dein Problem ist nicht größer als du und es ist auch nicht kleiner. Es ist ein gleichwertiger Partner.
(LC)

Offenheit

... heißt, die Ungewissheit im Leben zu genießen. Mit dem inneren Strom zu fließen. Das Neue mit einem gelassenen Geist zu erwarten. Den Mut, zu vergessen, was war, zu nutzen, was gut ist. Das ist ›offen‹.
(HB)

Die Welt kann so schön sein für den, der nicht alles will.
(HB)

Zeit - und dein Inneres finden

Das Streben nach diesem Glück ... so viele möchten das haben, möchten ein tiefes, inneres Glück spüren, das nie vergeht ... Spontanerleuchtung! Das wäre es! Vielen ist es zu mühsam, sich jeden Tag für ein paar Minuten hinzusetzen und ihrer inneren Welt und damit sich selbst ein wenig Zeit zu widmen.

Die nächsten Sätze sollen kein Ersatz sein - sondern eine Ermutigung.

Wenn es keine Zeit gibt, wenn also alles gleichzeitig geschieht, dann hast du doch auch dein Ziel schon erreicht. Dann musst du doch nur erkennen, dass das Vollkommene, der Heilige, der du eines Tages sein willst, genau in diesem Moment schon in dir existiert. Also geht es nicht darum, etwas zu erreichen, sondern zu erkennen, was man schon längst ist. Wir unterliegen nur solange dem Kreislauf von Geburt und Tod, solange wir das noch nicht wiederentdeckt haben. Und dieser Weg beginnt mit dem Wunsch, es zu finden.

Du hilfst Tausenden von Menschen, wenn du dich erhebst und die Liebe in dir erfährst.

Du hilfst Tausenden von Menschen, wenn Du endlich anfängst, danach zu suchen.

... das ist ein so umfassender Gedanke. Einer, der der Verantwortung für ein gutes Leben und einem guten Charakter starkes Gewicht gibt. Und auch die Verpflichtung, sich weiterzuentwickeln, nach innen und nach außen zu wachsen.

Denn wenn ich voranschreite, hilft das letztendlich auch meinem Umfeld.

Erahnst du, dass *das* die wahre Erlösung für diese Welt wäre? Weil man allen hilft, wenn man seine eigene Größe entwickelt, weil wir letztlich alle miteinander verbunden sind.

(LC)

Zeit heilt keine Wunden?

Doch, das tut sie, denn die Zeit erlaubt uns, zu verstehen. Dafür ist sie da, die Zeit. Denn mit der Zeit können wir Dinge, die uns widerfahren sind, durchschauen. Und dann kannst du sie in der Tiefe loslassen. Nur das Ego suhlt sich im Leid und lässt die Zeit nutzlos verstreichen. Dein Herz aber möchte frei sein. Unangenehme Dinge sind immer ein wunderbares Mittel, diese Freiheit zu erlangen. Früher oder später wirst du den Mut haben müssen, dich damit zu beschäftigen. Dir das anzuschauen, was dich quält.

(HeyB)

Der Mistkäfer und der Prinz

Narada, der große Heilige, sollte etwas bei Vishnu, dem Gott der Götter abgeben. Er flog zu ihm hinauf in den Himmel und wartete ergeben vor dessen Tür. Der Wächter sagte ihm, dass Vishnu keine Zeit hat, weil er meditiert. Weil er über die große Frage nachdenkt: ›Wer bin ich?‹, und als er dann endlich auftauchte, fragte ihn Narada verwundert, warum Vishnu, der Gott der Götter, der Ursprung der Welt, sich eine solche Frage stellt.

»Du bist doch der Letzte, der sich fragen müsste, wer er ist«, sagte Narada zu ihm. »Oder der Erste, der wissen sollte, wer er ist. Warum stellst gerade du diese Frage in deiner Meditation? Das verstehe ich nicht.«

Vishnu antwortete:

»Wenn du das nicht verstehst, dann flieg zur Erde. Frag einen Mistkäfer. Er wird dir die Antwort geben.«

Narada flog los, fand einen Mistkäfer und stellte seine Frage. Aber sowie seine letzten Worte verklungen waren, rollte sich der Käfer auf den Rücken und war tot. Erstaunt eilte Narada zurück zu Vishnu und berichtete, was geschehen war: ›

»Ich habe die Frage gestellt, aber der Käfer ist gestorben!«

»Kein Problem«, antwortete Vishnu. »Dann fliege noch einmal zur Erde. Du wirst einen großen Teich finden, auf dem ein herrlicher Schwan schwimmt. Stell diesem Schwan deine Frage. Er kann sie beantworten.«

Narada tat wie ihm geheißen. Er flog zu dem See, fand den Schwan und stellte seine Frage.

»Wer bist du?«

Der Schwan flatterte mit einem Schrei auf, dann glitt sein langer Hals langsam aufs Wasser und er war ebenfalls tot. Narada war fassungslos. Eilig flog er zurück zu Vishnu und sagte nervös:

»Nun habe ich schon zweimal diese Frage gestellt – auch der Schwan ist tot!«

»Mach dir nichts draus‹, erwiderte Vishnu entspannt. „Begib dich nochmals zur Erde. In einem Königreich ist gerade ein Prinz geboren worden. Frag ihn. Er weiß die Antwort.«

Narada wand sich und voller Unbehagen sagte er:

»Vishnu, ich will nicht vorlaut sein, aber der Mistkäfer hatte keine Verwandten – und auch nicht der Schwan. Aber bedenke, sie sind gestorben, als ich meine Frage gestellt habe! Was, wenn ich dem Babyprinzen die gleiche Frage stelle und ihm dasselbe passiert? Was werden seine Eltern sagen?«

»Vertrau mir«, sagte Vishnu. »Geh und frage den Babyprinzen.«

Schwer beunruhigt begab sich Narada zum Palast, in dem der Prinz geboren worden war. Als er eintrat, war die Gesellschaft hell entzückt, einen Heiligen in ihrem Kreis zu haben, und erachteten das als gutes Omen. Mit klopfendem Herzen näherte sich Narada dem Baby und in dem Moment, in dem er seine Frage stellte, verwandelte sich der Prinz in pures Licht – sein Körper war ebenfalls gestorben. Narada war entsetzt. Aber der Prinz sprach zu ihm und sagte:

»Ich danke dir, dass du mir diese Frage gestellt hast. Einst war ich ein Mistkäfer, doch durch deine Frage wurde ich zum Schwan. Du hast mir erneut die Frage gestellt, ich wurde zum Prinzen und schließlich wurde ich Licht.«

Narada flog zurück und zu Vishnu und sagte:

»Danke, du hast meine Frage beantwortet.«

Wer sind wir wirklich? Diese Frage veredelt alles. Diese Frage lässt dich wachsen. Sie macht aus einem Mistkäfer einen Schwan, aus einem Schwan einen Prinzen und aus dem Prinzen das, was wir wirklich sind: Licht.

(Seele)

Leben

Das Leben gönnt dir alles! Es gönnt dir dein ganzes Glück! Gott hat die Welt nicht dafür erschaffen, damit du nur in ihr lebst, sondern dass du dein Glück darin findest. Kannst du dir das einfach mal zu Herzen nehmen? Nur dieses Vertrauen zu haben, dass das Leben nicht dein Feind, sondern dein Freund ist? Dass auch die Gefühle, die du in dir hast, deine Freunde sind und nichts, was du bekämpfen musst? Weil sie dir zeigen, was dein Projektor, dein Geist gerade intus hat? Welche Filmrolle er abspielt? Deine momentanen Gefühle sind das, was gesendet wird. Wenn du also etwas anderes auf die Leinwand deines Lebens projizieren willst, musst du dich um den Projektor kümmern. Und wenn du dir deiner Gefühle nicht wirklich bewusst bist, dann kommt eben das raus, was du reingegeben hast.

(HB)

Meinst du nicht, du gibst dann dein Bestes, wenn du dich der Aufgabe hingibst statt dem Ziel?
(HF)

Wir leben nicht in Reaktion auf die Herausforderungen dieser Welt - wir erschaffen sie.
(HF)

Eine Parabel

Ein himmlisches Wesen kam auf die Erde, in einen großen Wald, wo es ein Geschöpf mit tausend Armen und tausend Beinen vorfand, dessen Glieder ständig in Aufruhr waren und für keine Sekunde ruhig blieben. Nicht für einen Moment konnte es still sitzen. Noch dazu hielt es in einer seiner vielen Hände einen Knüppel, der mit Sporen bestückt war, und das Geschöpf schlug sich damit selbst, immer und immer wieder. Mit jedem Schlag schrie es auf in Schmerz und Angst:

»Bitte schlag mich nicht! Bitte, bitte, schlag mich nicht!«

Um den Schlägen zu entgehen, die es mit seiner eigenen Hand verursachte, rannte es hierhin und dorthin, mal in die eine, dann in die andere Richtung. Es war so verängstigt, dass es gar nicht darauf achtete, wohin es ging, und schließlich fiel es in einen tiefen Brunnen. Oh, es brauchte so lange, um wieder herauszukommen! Und als es das endlich geschafft hatte, saß es zitternd und erschöpft am Rand des Schachts. Doch sobald es sich wieder einigermaßen erholt hatte, stand es wieder auf und schlug sich erneut mit seiner grässlichen Waffe. Dann flüchtete es in ein dichtes Gebüsch und als es von dort hervorkam, hatte es sich blutig zerkratzt an Ästen und Dornen. Als nächstes rannte es in einen Hain aus Bananenstauden, zwitschernden Vögeln, Blumen und einem kleinen Bach, aber es hatte kein Auge dafür. Es war völlig blind vor Angst und Selbsthass, es rannte einfach herum, schreiend und weinend und schlug sich selbst. Mit sehr viel Mitgefühl versuchte das himmlische Wesen, dieses Geschöpf zu beruhigen.

»Bleib ruhig«, sagte es. »Atme tief durch ... warum schlägst du dich selbst? Wovor läufst du davon? Wo willst du hin?«

Doch das Geschöpf hörte nicht zu, es sah weder das gütige Lächeln noch die Liebe und das Mitgefühl in dessen Augen. Stattdessen glaubte es, das Wesen sei ein Eindringling und bedrohe es:

»Geh weg!«, schrie es.

Schließlich kam ein Weiser, der in einer Höhle in der Nähe meditiert hatte, heraus und erkannte die Situation. Er erklärte dem fassungslosen himmlischen Wesen:

»Schau, das hier ist der Planet Erde. Und das Geschöpf, das du gerade trösten möchtest, ist nichts anderes als der Geist. Der Geist mit seinen unzähligen Kreationen, die er ständig und endlos produziert und sich immer selbst damit bestraft ... diese unzähligen Arme und Beine, die du siehst, sind nichts als die Neigungen des Geistes.«

Das himmlische Wesen nickte verständnisvoll - und verschwand.

(HF)

Wie soll ich mit meinem Leben umgehen?

Alles willkommen heißen, was kommt.

Das ist die Realität. Fang an, diese zu lieben. Und wenn du nur erst mal aufhörst, dich zu wehren, aufhörst, mit deinem Spiegelbild zu kämpfen, dann kommst du zur Ruhe. Wenn du anfängst, dein Leben zu lieben, mit dem, was es dir gerade bietet, dann bist du mit dir vereint, mit etwas Hohem in dir, und fühlst keine Trennung. Wenn du dich dagegen wehrst, dann trennst du dich. Erkenne, dass dein Leben und du eine Einheit ist. Wie kannst du auf dich selbst böse sein?

Erst mit dieser Einstellung kannst du anfangen, deine Situation zu verbessern.

(HF)

Du erschaffst eine Welt und bekämpfst sie hernach als etwas Böses. Wie kannst du böse auf etwas von dir Erschaffenes sein? Wie kannst du die Dinge ändern, wenn du an Böses *glaubst*?

(HF)

In der Bhagavadgita sagt Krishna zu Arjuna:
»Erfülle deine Pflicht, aber erwarte keine Belohnung dafür.«
(TiO)

Denn wenn wir mit Liebe tun, was wir tun, dann erhalten wir dadurch viel mehr als nur ein kurzfristiges Lob. Wir denken weiter, wir fühlen mehr und es stellt sich etwas sehr Subtiles ein: Eine tiefe, innere Zufriedenheit, aus der so viel mehr erwachsen kann. Und wenn wir in dieser Verfassung sind, können wir in guten wie in schlechten Situationen ruhig und heiter sein. Dann bist du unabhängig, ganz und gar.
(TiO)

Es ist eine hohe Kunst, Dinge aus Freude und aus keinem anderen Grund heraus zu tun.
(TiO)

Das ist die Anstrengung, die du aufbringen kannst - die Liebe leben, egal, was passiert, auch, wenn es mal schwerfällt. Denn dann verfolgt dich Gott, dann verfolgt dich dein Herz, dein Selbst, dein inneres Kind - du kannst das gar nicht mehr ändern ... du wirst sehen. Gott rennt hinter dir her! Und glaub mir, er wird immer schneller sein als du!
(HF)

Reue und Vergebung

Es ist wichtig, die Reue anderer nicht abkürzen zu wollen, indem du sagst: Ich vergebe dir, es ist alles wieder gut. An der Reue kommt niemand vorbei. Vergebung zu erhalten oder zu geben markiert immer einen Wendepunkt in einem Leben. Denn derjenige, der vergibt, muss auch etwas tun: Er muss aufhören, sich als Opfer zu fühlen. Nur das Ego will dich in diesem Opferverhalten festbetonieren. Mithilfe von Gedanken.

(TiO)

Wenn du dich erlöst, löst du auch die Haken in den Herzen anderer Menschen. Wenn du dir vergibst und anderen vergibst, dann beginnt ein wunderschöner Prozess. Du wirst sehen: Es bewegt etwas in allen Herzen.

(HF)

Erlaube deinem Ego nicht, dass es die Initiative ergreift.

Erlaube den Planeten nicht, dass sie dein Leben regieren.

Und erlaube deinen Vorstellungen nicht, dass sie Macht über dein Leben haben ... durchbrich den Kreislauf.

Rumi hat gesagt:

»*Tritt aus dem Kreislauf der Zeit in den Kreislauf der Liebe.*«

(HF)

»Vergebung bedeutet zu erkennen, dass nicht das passiert ist, was man angenommen hat, sondern dass nie etwas zu vergeben war.«

(Byron Katie)

Es ist so viel Liebe in der Welt ... so viel Liebe - wenn du sie in dir entdeckst, siehst du sie plötzlich überall.

(HF)

zum Abschluss noch einmal, weil es das ist, warum wir hier sind:

»Remember always, that you are here for no other reason
than to be a saint.
Thus, let nothing reign in your soul, that does not lead to sanctity«.
St. John from the Cross

»Denke stets daran, dass du aus keinem anderen Grund hier bist als zum Heiligen zu werden. Daher lasse in deiner Seele nichts regieren, was nicht zur Heiligkeit führt.«
Der heilige Johannes vom Kreuz
(TiO)

Atme!

Fühle, wie du lebst ...
fühle die Stille, in die dich dein Atem zieht.

Stille

Aus dieser Stille kommst du.
In dieser Stille liegen alle Antworten. Alles, was du suchst.

Es wird Zeit, dich kennenzulernen, den, der du wirklich bist,
Es wird Zeit, Dein eigener, bester Freund zu sein.
Lass dich fallen und du findest
In dieser Stille
unendliche Liebe.
Für dich.
Zu dir.
Sie hüllt dich ein.
Diese Liebe bist Du.

Atme!

... mit jedem Atemzug kannst du diese Liebe spüren.
Du bist nicht von dir getrennt, nicht allein.
Du warst es nie.

Atme!
Mit jedem Atemzug

... lebe die Liebe!

Quellennachweis:

1 Swami Chidvilasanda, Kindle my Heart I, Copyright Gurudev Siddha Peeth, Ganeshpuri, India, 1989,1996 S. 173,

2 Swami Chidvilasanda, Kindle my Heart I, Copyright Gurudev Siddha Peeth, Ganeshpuri, India, 1989,1996 S. 174

mit freundlicher Genehmigung der SYDA Foundation

*zu Depressionen: ich möchte darauf hinweisen, dass Depressionen eine ernsthafte Krankheit sind, die kompetent behandelt werden müssen und nicht bagatellisiert werden sollen. Worauf ich hier in diesem Buch eingehe, ist der Anteil, den wir selbst erledigen können: Uns um selbst zu kümmern, herauszufinden, woher diese Depressionen kommen, die Dinge zu lösen, die sie ausgelöst haben.

Liebe Leserinnen und Leser!

Zunächst großen Dank, dass Sie das Buch gekauft haben! Ich hoffe sehr, dass es anregend für Sie war und würde mich freuen, wenn Sie sich die Mühe machen und eine Rezension bei Amazon verfassen. Es muss nichts Großes sein, aber eine Bewertung hilft nicht nur uns Autoren - sie hilft auch anderen Lesern.

Sie können, falls Sie eine Meinung äußern wollen oder Fragen haben, auch gerne über meine Facebook-Seite oder über meine Homepage Kontakt mit mir aufnehmen:
www.subina-giuletti.de
Mail: info@subina-giuletti.de

Diese E-Mail-Adresse wird nur ausschließlich von mir verwaltet und von niemand anderem eingesehen.

Ich freue mich immer über einen Austausch, Feedback und Anregungen!
Alles Liebe,

Ihre Subina Giuletti

Printed in Poland
by Amazon Fulfillment
Poland Sp. z o.o., Wrocław

56071359R00079